愛する祖国へ II

笹川陽平
Yohei Sasakawa

はじめに　「和風元号の流れ作った」の一言に感激　輿論形成に重要な役割果たす正論欄

筆者は日本財団の理事長時代（1989～2005年）、財団の理事や評議員を務められた故渡部昇一・上智大学名誉教授や外交評論家・故田久保忠衛氏、政治評論家・故屋山太郎氏、亡父・笹川良一の後の日本財団会長で作家の曽野綾子氏から多くの薫陶を受けた。4氏はともに産経新聞の論壇「正論」の執筆メンバーとしても活躍された。そんな関係もあってか、2006年に産経新聞社から正論執筆メンバー入りを打診され、お受けした。以後、ほぼ月1本のペースで寄稿させていただいている。

これまでに正論欄に掲載された寄稿は計172本。担当者から執筆メンバーの中で最も多いと聞かされ恐縮している。今回の『愛する祖国へⅡ』には、2016年に出版されたパート「Ⅰ」以降に寄稿した89本のうち、2016年3月の「震災から5年『民の力』活用して復興に活路を」から2024年3月の「今こそ活力ある政治を取り戻せ」まで計73本を収載した。

正論欄の筆者の多くは日本有数の学者、言論人である。これに対し私は国内外で社会・公益事業に取り組む公益財団法人の会長、社会活動家であり、皆さんのような深い専門知識は持たない。
ただし、問題と解決策は現場を見て初めて分かると考え、世界を飛び回ってきた。訪問した国は計122カ国。政、官、学、民の幅広い人々と交友し、各国のリーダーや要人に限っても約2000人に上る人々にお会いした。社会課題の解決につながり、政府や自治体の施策にも参考になるようなモデル事業を一つでも多く手掛けていきたい。そんな思いで現場主義を貫いてきた。

多くの寄稿は、こうした体験を基に社会の課題について問題点や時に具体的な打開策を提案する内容になっている。もちろん、かねての信念に基づく寄稿もある。2019年1月の「中国古典にとらわれず新元号を」がその一つだ。詳細は本書冒頭にある元号関係の寄稿3本をお読みいただきたいが、原稿は同3日付、年頭の正論欄に掲載され、翌4日、新年恒例の伊勢神宮参拝のため東京から新幹線で伊勢に向かっていた安倍晋三首相（当時）に、同行していた政務秘書官・今井尚哉氏（同）からコピーが手渡された。

2016年に天皇陛下（現上皇陛下）がビデオメッセージで退位の意向を示されてから3年近く続いた新元号論議は、この年の4月1日の最終結論に向け大詰めの段階を迎えていた。しかし、この時期になっても安倍首相が気に入る元号案はなく、難航を極めていた。

そんな中、筆者の正論が目に留まり、「もう一度、知恵を出そう」と元号案作りをやり直した結果、最終的に万葉集を典拠とした「令和」に決まった。これにより645年の「大化」から計247回続いた中国古典（漢籍）を典拠する元号に変わり、初めて日本の古書（国書）を由来とする元号が成立した。

関連して國學院大學の知人の協力で提出した元号案「佳桜」が関係者から高い評価を受けるなど、予想外の展開があったことも分かった。今井氏は安倍首相の信任も厚く、一連の動きを最も知る人物で新元号決定に当たり首相談話も作成された。新元号に移行してから4年を経て、初めて当時の思い出の一端をうかがう機会があった。

この中で今井氏は政務秘書官在任中、最も記憶に残った仕事として戦後70年と新元号に関する2つの首相談話を挙げるとともに、新元号制定の経過に触れ、「和風元号への流れを作ったのは笹川さんだ」と述べられた。その一言に恐縮するとともに、生涯最大の名誉と感激する一方、正論欄が国の政策にも大きな影響力を持っていることを改めて実感した。

収載した73本の原稿には、それぞれに思い出がある。例えば2016年4月の「改めて支援金の重要性を訴える」。東日本大震災など大災害が増える中、甚大な被害を受けた被災地の一日も早い復興には、直ちに活用できる「支援金」が必要、とのかねての思いを原稿に託した。

災害支援では古くから「義援金」の存在が知られる。ただし、一定の額に達した段階で配分委員会を開き公平に分配する仕組みになっており、実際に活用されるまでにかなりの時間が掛かる。被災地支援には直ちに活用できる支援金こそ必要で、記事はその点を強く訴えるのが目的だった。その後、支援金の存在が広く知られ、寄せられる浄財も増えた。地震だけでなく、温暖化の進行で想像を絶する豪雨など激甚災害が常態化する中、意義ある寄稿だったと自負している。

近年、新聞の部数減が激しい。それに伴い日刊紙の寄稿・投稿欄も減少、扱いも小さくなってきた気がする。若い世代の関心が文字だけでなく映像・音声が一体となり、会話も楽しめるスマートフォンやタブレット型端末に向かうのは止むを得ない時代の流れだろうが、長年、新聞に親しんできた身には寂しい限りだ。

特に気になるのは「輿論」と「世論」の関係。戦後、「輿」が当用漢字から外れたため現在は世論の言葉しかないが、輿論は理性的な意見、世論は社会の気分や空気を反映した意見として区別して使うのが本来の在り方だ。情報があふれる今のような時代こそ、確度の高い情報とそれに基づく輿論が欠かせないと考えている。

産経新聞の〝看板〟的存在である「正論」欄は長くその役割を果たしてきたと思う。海洋基本法やこども基本法の制定など、ささやかな影響を与えた寄稿も多く、その都度、多数の賛否両論をいただいたのは、「正論」が多くの人に読まれている証左であろう。専門領域を持たない筆者のような人間に、長きにわたって寄稿の機会を与えてもらい感謝に堪えない。

わが国は「失われた30年」の中で政治も経済も落ち込み、国際社会での発言力も失われつつある。国全体が停滞期、衰退期に入ったと指摘する向きもある。日本財団は２０１８年からほぼ毎月1回、17～19歳を対象にした「18歳意識調査」を進めている。この一環として19年11月にはアジア6カ国（日本、中国、韓国、インド、インドネシア、ベトナム）に英、米、独3国を加えた9カ国調査、22年3月には日、中、韓3国と英、米、インドを対象にした計6カ国調査（対象は各国１０００人）を行った。

国の将来について「良くなる」と答えた日本の若者は9カ国調査が9・6％、6カ国調査では13・9％。中国やインドが90％前後の高い数字を示す中、断トツの最下位。日本の若者が持つ閉塞感を如実に示す数字だと受け止めている。

若い世代が将来に夢を持てない国の将来は厳しい。しかし、筆者は楽天的と言われるかもしれないが、「愛する祖国」が活気を取り戻し、再び力強く発展する日が早晩、来ると信じている。そんな思いを込め、今後も走りながら寄稿を続けたく思っている。

日本財団会長　笹川陽平

目次

はじめに　「和風元号の流れ作った」の一言に感激　輿論形成に重要な役割果たす正論欄　1

第一章　**私の元号論**――初の「和風元号」制定への道程

年頭にあたり　中国古典にとらわれず新元号を　14
国書による初元号に大きな意義　18
「和風元号」決断させた「正論」寄稿　23

第二章　**私の海洋論**――海洋の危機は人類存続の危機

国際協力で世界の海底地形図を　30
100年後をにらみ海の再構築を　34
北極海問題で日本の存在感示せ　38
海洋の危機に国際的統合機関を　42
二階幹事長殿　海の日の固定を　46

プラごみ入り口に海洋問題を　50
海洋問題解決は日本が主役たれ　54
「海は泣いている」人類生存問題　58
「海プラ削減」で世界のリーダーに　62
浅海域地図が「豊かな海」を守る　66
「無人運航船計画」の大きな可能性　70

第三章　**私の外交論**――より幅広い視点で世界と対峙する

日本流国際支援に誇りと自信を　76
日中間の災害防衛交流を進めよ　80
「新日英同盟」を積極外交の柱に　85
強靱な対外情報発信態勢確立を　89
2期目の最大課題は民族の和解　93
正念場を迎える日本の国連外交　97
露侵攻契機に難民政策見直しを　101
「第2の開国」に向け制度設計を　105

「国葬儀」を積極的な外交の場に 109
中国と本音交わすチャンネルを 113
レアアースを外交力強化の柱に 117
「国の対立緩和」を促す民間交流 121
中央アジアで存在感増す外交を 126

第四章 私の政治論――国民との信頼関係をいかに取り戻すか

政策は国民に十分伝わったか 132
財政危機「私はオオカミ少年か」 136
M・ウェーバー没後百年に思う 140
憲法改正より修正が分かりやすい 144
投票こそ国民の第一の「義務」だ 148
年頭にあたり　改めて問う「政治家とは何ぞや」 152
年頭にあたり　政治家諸君「日本病」を阻止せよ 156
今こそ活力ある政治を取り戻せ 160

第五章　私の社会論――「自助」「共助」「公助」を改めて考える

震災から5年「民の力」活用して復興に活路を　166
改めて支援金の重要性を訴える　171
遺言で新たな社会貢献の決意を　175
「職親」の主役担うのは中小企業　180
災害対策の基本は「自助」にあり　185
内部留保を「CSR」に活用せよ　190
医大入試の男女別枠は是か非か　194
「公益資本主義」の実現を目指せ　198
「子供2人の夢」に政府は応えよ　202
日本国憲法は「文化財」にあらず　206
「民」参加で新時代の共助社会を　210
メディアは「輿論」の復活目指せ　214
脱炭素実現へ主導的役割果たせ　218
「第2の開国」に向け意識改革を　222
少子化の厳しい現実を共有せよ　226

「若者の不安」世代問わず共有を 230
ふるさと納税活用で支援強化を 234

第六章 私の医療・福祉論 ——社会的弱者といかに向き合うか

ハンセン病の歴史を記憶遺産に 240
子供の貧困解決が喫緊の課題だ 244
工賃3倍増で障害者対策強化を 248
養子縁組を社会的養護の柱に 252
臓器移植の普及こそ時代の要請 257
診療看護師制度の導入を目指せ 261
基礎研究充実が国を強靱にする 266
こども家庭庁は基本法と一体で 270
看護師の新国家資格に道を拓け 275
NP制度先送りは残念で不可解 279
差別の原点はハンセン病にあり 283

第七章　**私のニッポン元気論**――強靭な精神で国難に立ち向かおう

年頭にあたり　大いなる楽観が国の将来を開く　288
人材育成に偉人教育の活用を　292
18歳の意識の低さをどう見るか　296
年頭にあたり　基本法で子供育成の新理念示せ　300
国難の今、「茹でガエル」と決別を　304
今こそ強靭な精神を取り戻そう　308
「国家公務員諸君」自信と誇りを　312
万難排し「オリ・パラ」の開催を！　316
年頭にあたり　コロナ後の国造りは若手が担う　320
「スポＧＯＭＩ」が世界の海守る　324

おわりに　覚悟を持って語る姿に共感　旺盛な行動力を支える強靭な体力
日本財団特別顧問　宮崎　正　328

第一章●

私の元号論

――初の「和風元号」制定への道程

年頭にあたり　中国古典にとらわれず新元号を

二〇一九年一月三日

天皇陛下の退位に伴い「平成」が4月30日で終わり、4月1日には新元号（年号）が公表される。元号制度は紀元前の中国・前漢時代に始まり、日本は現在も公的に使用する唯一の国とされている。

漢籍に典拠を有する二文字熟語

飛鳥時代の「大化」に始まり、現在の「平成」は247番目。歴史的に中国の漢籍に典拠を有する二文字熟語が使われてきた。しかし日本には優れた造語の歴史があり、特に明治以降は約1千語もの和製漢語が中国に導入され現在も広く使用されている。

新元号は中国の古典からの引用をやめ、わが国独自の自由な発想で定めてほしく思う。それが新しい時代の元号の在り方であり、国民の親しみにもつながる。

改元の定め方は時代とともに変わり、明治以降は一人の天皇に元号を一つに限る「一世一元」の制度が取り入れられた。

現在は昭和54（1979）年6月に制定された元号法で「元号は政令で定める」「皇位の継承があった場合に限り改める」とされ、その手順は元号選定手続要綱に定められている。まず首相が複数の有識者に新しい元号にふさわしい候補名を委嘱し、提出された候補名を官房長官が中心となって複数案に絞り首相に報告、衆参両院の正副議長の意見も聴いた上、全閣僚会議の協議を経て閣議で決定される。

多くの造語が近代化に貢献した

中国古典の引用を近年で見ると、「明治」は「易経」の「聖人南面して天下を聴き、『明』に嚮《むか》ひて『治』む」が由来。「聖人が北極星のように顔を南に向けて政治を聴けば、天下は明るい方向に向かって治まる」の意味で、明治天皇がいくつかの年号候補から選出したといわれている。

「大正」はやはり「易経」の「『大』いに亨《とほ》りて以《もっ》て『正』しきは、天の道なり」が由来。意味は「天が民の言葉を嘉納し、まつりごと（政治）が正しく行われる」。「昭和」は四書五経の一つ「書経堯典」の「百姓《ひゃくせい》『昭』明にして萬邦《ばんぽう》を協『和』す」が由来。国民や世界各国の平和や共存共栄を願って付けられた。

そして「平成」は「史記」五帝本紀の「内『平』外『成』」（内平らかに外成る）と「書経」大禹謨《たいうぼ》の「地『平』天『成』」（地平らかに天成る）が由来。国の内外、天地とも平和が達成される、の意味である。「修文」「正化」も候補に残ったが、アルファベット表記がともに昭和と同じ「S」で始まるため外された。

元号の条件は「国民の理想としてふさわしい意味を持つ」「漢字2文字」「書きやすい」「読みやすい」など6項目で、それ以上の縛りはなく、中国の古典に典拠を求める規定もない。

加えて日本には江戸中期、幕政を補佐した儒学者の新井白石や江戸後期の蘭学者・宇田川榕菴《ようあん》らで知られる卓越した造語の歴史がある。特に明治維新後、積極的に行われた欧米の出版物の翻訳では、原文に当時の日本にはない言葉が多く、福沢諭吉や西周らが精力的に造語をした。

「文化、法律、民族、宗教、経済」といった社会用語、「時間、空間、質量、団体、理論」といった科学用語、「主観、意識、理性」といった哲学用語など、現在も日常的に使われている多くの言葉がこの時代につくられ、日本の近代化に大きく貢献した。

希望を託せるよう求めたい

清時代末期から昭和初期にかけ中国では日本留学がブームとなり、6万人を超す中国の若者が日本を訪れ、和製漢語をそのまま取り入れ日本の書物を中国語に翻訳、祖国に西洋文明を紹介した。中国、朝鮮に広く普及し、現代の中国語はこれらの日本語なしに社会的な文章は成り立たないともいわれている。

中国共産党が使う「共産党、階級、組織、幹部、思想、資本、労働、企業、経営、利益」なども、すべて明治時代につくられた和製漢語とされている。上海外国語大学の陳生保・元教授は「中国語の中の日本語」の論文で、「経済、社会、哲学などの日本語訳は、とっくに現代中国語の中に住みつき帰化している。それが日本語だということを、ほとんどの中国人はもう知らない」と指摘している。筆者も中国を訪問、大学で講演するたびに、漢字を通じた長年の両国の交流を紹介してきた。

昨年11月末、中国共産党の聖地、陝西省延安の大学を訪れた際もこの話に触れ、学生たちも静かに耳を傾けてくれた。互いに影響し合いながら独自に発展する姿こそ文化の在り方であり、今回あえて中国古典にとらわれることなく独自の手法で新元号を定めるよう求める所以《ゆえん》もこの点にある。

皇太子の即位に伴い5月から新しい元号が始まる。国際社会は対立と緊張感を深め、少子高齢化に伴う縮小社会の到来で国内も課題が山積している。新たな手法で、明るい希望を託せる新元号が定められるよう求めてやまない。

国書による初元号に大きな意義

二〇一九年四月二日

5月に改元される新元号が「令和」に決まった。出典は『万葉集』。645年の「大化」から現在の「平成」まで計247の元号すべてが中国の古典（漢籍）を典拠としてきた元号の歴史に、初めて日本の国書（古書）由来の元号が登場することになった意義は大きく、心から歓迎したい。

投稿の反響に関心の高さを実感

奈良時代に編纂《へんさん》されたわが国最古の歌集である万葉集には、天皇や皇族、貴族のほか、防人や農民まで幅広い階層の人々が詠《よ》んだ歌が収められている。

安倍晋三首相は談話で、万葉集を「わが国の豊かな国民文化と長い伝統を象徴する国書」とした上で、「明日への希望とともに、それぞれの花を大きく咲かせることができる。そうした日本でありたい」と新元号にかける思いを述べた。「令和」の新時代が、夢多き時代となるよう祈りたい。

憲政史上初の退位に伴う今回の元号選定は、新しい元号名とともに、典拠を何に求めるか注目された。こうした中で筆者は1月3日付の本欄に「中国古典にとらわれず新元号を」を投稿した。時代とともに価値観も元号の使われ方も変わってきており、新時代にふさわしい元号論議を求めるのが目的だった。

投稿掲載後、漢籍を典拠としてきた伝統を厳格に守るべきだとする意見から、『古事記』や『日本書紀』など国書を典拠とする新しい「和風元号」を求める声まで、多くの意見をいただいた。多数のメディアの取材も受け、正直、反響の大きさに驚くとともに、新元号に対する関心の高さを実感した。

昭和54（1979）年に成立した元号法は「元号は政令で定める」とするとともに、「元号選定手続について」で候補名を検討・整理する際の留意事項として、「国民の理想としてふさわしいようなよい意味を持つ」「漢字2文字」など6項目を明示。候補名には「その意味、典拠などの説明を付す」としている。

国民の親近感はいっそう増す

わが国には1500年近い漢字の歴史があり、世界に誇る古書も多数ある。世界で唯一、日本に残る文化を守っていくためにも、過去、247の元号に用いられた72の漢字や、過去に採用を見送られてきた元号案の中の元号にふさわしい漢字などを活用すれば、この国の将来にふさわしい元号を制定することは十分、可能との思いもあった。

現実には政府が3月14日、国文学、漢文学、日本史学、東洋史学に見識を持つ学識者に、それぞれ2~5案の作成を委嘱。最終的に候補を絞り、学識者による「元号に関する懇談会」、衆参両院の正副議長からの意見聴取、全閣僚会議の協議を経て、閣議で改元の政令が決定された。

全体に平成改元時の手続きを踏襲するとしながらも、9人の懇談会メンバーに、ノーベル賞受賞者の山中伸弥京大教授を登用するなど、新しい息吹も感じられた。長い間、親しまれてきた万葉集に典拠を求めたことで、元号に対する国民の親近感も増すと思われる。

新たな漢字文化の気配も

今回は天皇陛下の退位決定から時間があったこともあって、国民の間にも、かつてない広範な議論が生まれた。インターネット社会を反映してスマートフォンや新聞、雑誌などに関連記事があふれ、ゲーム感覚で新元号を楽しむ動きも目立った。

これまでの元号論議は「元号不要論」も含め、硬さが目立った。手前みそながら、筆者の提案を機会に元号論議の幅が広がったと思うとともに、この点に何よりの意味があったと自負している。

日本社会の数字表記は戦後、グラムやメートルなどが定着し大きく様変わりした。そうした中、年号に関しては西暦とともに元号が広く使われてきた。時代の空気やイメージを伝えるには、やはり西暦より元号が勝ると思う。

各種世論調査結果を見ると世代により差はあるものの、多くの人が元号を使っている現実がある。西暦から元号、あるいはその逆に換算する煩わしさはあるが、元号は日本の文化として社会に確実に根付いている。新聞各紙の題字周りや欄外に西暦と元号が併記されているのも、その表れだ。

今回ほど多くの人が新元号をめぐる議論に参加したことは過去になかった。元号に対する親しみが増し、日本文化の奥深さが再確認されたばかりか、活発な元号予想を通じて、新たな漢字文化が生まれてくる気配さえ感じる。

あくまで個人が判断する事項だが、筆者としては元号と西暦が共存し併用される姿こそ望ましいと考える。懇談会メンバーの山中教授は「令和」の新元号について「新しいものにチャレンジしていく、日本のこれからの姿にぴったり」との感想を漏らした。

率直に言って、元号論議がこれほど盛り上がるとは思っていなかった。テレビ中継で「令和」の発表に歓声を上げる人々を見ながら、元号が日本の貴重な文化であるとの思いを改めて強くしている。

「和風元号」決断させた「正論」寄稿

二〇二三年一二月一二日

「令和」に改元して4年半。安倍晋三首相（当時）が元号選定の総責任者として、「大化」以来1400年近く続いた漢籍を典拠とする元号に代え、初めて和風元号の採用に踏み切った決め手の一つが、改元に先立ち筆者が当欄に寄稿した一文だったことが関係者の証言で分かった。

202年ぶりの譲位

改元をめぐっては平成28（2016）年8月、当時の天皇陛下（現上皇陛下）がビデオメッセージを通じ公務についてのお気持ちを示されて以降、新元号が決まるまで3年近く、国民の間でも幅広い議論が行われた。後世に記録を残す意味も含め経過を報告させていただきたく思う。

元号は旧皇室典範が天皇の即位から崩御までを一つの元号とする「一世一元」を定め、昭和54年に制定された元号法もこれを継承。昭和から平成への改元も昭和天皇が崩御された日に新元号を公布し、翌日から施行された。

今回は文化14年以来202年ぶりの譲位となった。政府は多くの議論の末、最終的に平成31年4月1日に新元号を定める政令を公布し、5月1日に施行する2段構えで対応することを決めた。

寄稿文は「中国古典にとらわれず新元号を」の一文。その年の1月3日付「産経新聞」の「正論」欄に掲載された。

この中で筆者は、明治以降、約1000に上る和製漢語が日本で作られ、中国にも導入され、現在も広く使われている点などを指摘し、わが国独自の発想で和風元号を定めるよう提唱した。

元号制定の経過は「秘中の秘」とされ、現在も明らかにされていないが、安倍元首相の政務秘書官として最終的に選定作業にも加わり、首相談話も作成した今井尚哉氏が4年近くを経て、ようやく当時の模様の一端を語ってくれた。

これによると、寄稿が掲載された翌日、安倍氏は新年恒例の伊勢神宮参拝で伊勢に向かった。新幹線車中で今井氏が新聞各紙の正月紙面など主だった記事のコピーを見せると、安倍首相（当時）は「正論」のコピーを手に「やっぱり国書でなきゃだめだよな」と和風元号に対する決意を新たにした。

この時点で残された時間は3カ月を切っていた。当時、候補案作りを委嘱した国書や東洋史の専門家から寄せられた元号案、さらにそれ以前から引き継がれた元号案を合わせ全部で70近くの候補名があり、中国の歴史書『史記』を典拠とする「万和」など5案が有力候補に挙がっていたが、安倍氏が満足する元号案はなかった。

今井氏によると安倍氏は、「国民から支持される元号にしたい」、「国書を典拠とする元号にしたい」との2つの思いの中で揺れていた。そんな中で筆者の寄稿が「総理があらためてマインドセットする決定打になった」というのだ。

有力候補「佳桜」は見送り

その後、今井氏の要請を受け、筆者も国学院大学の知人の協力で作成された3案を提出、そのうちの「佳桜《かおう》」に安倍氏、候補案を検討・整理し安倍氏に報告する立場にあった菅義偉内閣官房長官(当時)が強い関心を示し、有力な元号案となった。

しかし、典拠となった歌が、天武天皇が大海人皇子時代に兄・天智天皇と対立して逃れた吉野(奈良県)で詠《うた》われており、後に天智天皇の子息である大友皇子と争った壬申の乱の挙兵地にも当たることから、万一、今上陛下と秋篠宮殿下を誤って繋《つな》げて見られるような事態があってはならないとして見送られた。

このため中西進・国際日本文化研究センター名誉教授ら2人にさらに元号案作りを依頼、最終的に中西氏作成の「令和」が248番目の元号に決まった。令和の元号案が届いたのは、新元号を決定する4月1日の閣議のわずか5日前、薄氷を踏む展開だった。

この間の経過について安倍氏は、今年2月に発行された「安倍晋三回顧録」（中央公論新社）の中で、「事務レベルの検討で良い案が出てきて、淡々と決まっていくだろうと楽観視していました」、「（しかし、どの案も）ピンとこなかった」と述懐している。

元号制度は紀元前の中国・前漢時代に始まり、朝鮮半島やベトナムでも使われたが、現在は日本だけに残る。公文書や健康保険証などにも使われ、「大正生まれ」、「昭和生まれ」といった形で日常生活の中にも定着している。日本独自の文化として、西暦表記と併用する現在の形が今後も維持されるのが好ましい。

高い元号に対する関心

元号の制定経過が「秘」扱いされる理由の一つに、不採用となった元号案が、そのまま次代に引き継がれる点がある。

今後、制定経過は可能な限り公開されるべきだと考える。それが元号文化に対する国民の親しみを増す結果にもなる。

当の「正論」掲載後、筆者は賛否両論を含め多数の意見をいただいた。元号に対する関心の高さとともに、言論機関としての新聞が持つ影響力の大きさを、あらためて実感する機会にもなった。

第二章 ● 私の海洋論

——海洋の危機は人類存続の危機

国際協力で世界の海底地形図を

二〇一六年八月二三日

「母なる海」の危機が進行している。人類は海を自由に利用することで発展してきた。海が死ねば人類も滅びる。よく耳にする「健全な海を次世代に」ではなく、今こそ数百年、数千年先を睨《にら》んだ本格的な取り組みに着手しなければならない。

2030年までに完全解明を

そんな思いで6月、モナコ公国で大洋水深総図（GEBCO）指導委員会と日本財団が共催した国際フォーラムで、令和12（2030）年までに海底地形の100％解明を目指す新規事業の立ち上げを提案し賛同を得た。

地表の7割を占める海には、マリアナ海溝のように水深が1万メートルを超し光が全く届かない深海も多く、人類が形状を把握している海底は全体の15％にとどまる。保有データを公開していない国や海底資源開発に取り組む研究機関や企業の未公開データを合わせても、せいぜい18％というのが大方の見方だ。

全体の3分の2を占め、どの国も管轄権を持たない公海、特にインド洋や大西洋の赤道以南の海域にいたっては、船舶の航行も少なく測量データもほとんど存在しない。大接近したときでも地球から5000万キロメートル以上のかなたにある火星の表面の方が、人工衛星や米航空宇宙局（NASA）の探査車から送られてくる膨大な写真データによって、はるかに解明が進んでいるというから驚きだ。

海底地形図の必要性は、20世紀初頭にモナコ公国のアルベール1世が提唱し、現在は国際水路機関（IHO）と国連教育科学文化機関（UNESCO）の政府間海洋学委員会（IOC）が共同で作成作業に取り組んでいる。

国際フォーラムにはNASAや国際自然保護連合（IUCN）など国際機関、各国政府、企業関係者らも出席、筆者の提案に対し、政府間、産業間の協力が得られれば30年までに海底地形図を100％完成させるのは十分可能ということで意見が一致した。

各国政府に未公表データの提供を呼び掛けるとともに船舶会社や水産会社に航行海域の深度観測など協力を求め、1キロメートル四方に1点程度の深度データを蓄積、人工衛星画像を利用した深海情報なども活用して順次、海底図の作成を進めることになる。

2004年からGEBCO指導委員会と日本財団が共同で取り組んでいる人材育成事業で

既に33カ国で70人を超す海底地形図作成の専門家が育っており態勢も整いつつある。

海に対する希薄な危機感

人類は長い間、野放図な海の利用を続けてきた。背景には17世紀のオランダの国際法学者グロチウスが唱えた「自由海論」に基づく「海の資源や浄化能力は無限」とする誤った考えがあった。同じ資源枯渇や環境破壊であっても、陸に比べ海に対する危機感は現在も希薄である。

人類が深刻な海の現実に気付かぬまま、乱獲による漁業資源の枯渇や工場排水やゴミによる環境汚染、大気中の二酸化炭素濃度上昇に伴う海洋の酸性化などが進行し、世界の人口増で需要が高まる漁獲量は今世紀半ばまでに半減すると予測されている。

酸性化に伴いサンゴの白化現象が進み、太平洋の島嶼《とうしょ》国キリバスのように温暖化による海面上昇で水没の危機が現実化しつつある国もある。海底情報は、国際社会がこうした海の危機に対応するための基本情報となる。

船舶の安全航行や東日本大震災のような大地震発生時の津波や大型化が目立つ台風の進路予測、海水温上昇で変化する魚介類の生息分布を占う上でも大きな力となる。

地球人口は今世紀半ばに90億人に達する。陸の資源の枯渇を前に、人類は食料も鉱物資源も海への依存を高めざるを得ない。

日本は主導的役割を果たせ

四方を海に囲まれ、世界6位の排他的経済水域（ＥＥＺ）を持つ日本は、周辺海域に天然ガスの主成分となるメタンハイドレートや金や銀が堆積する熱水鉱床、レアアースを含む泥など豊富な資源の存在が確認されつつある。

今春完成した海底広域研究船「かいめい」など本格的な調査船、海底映像や鉱物資源をサンプル採取する無人探査機などを備え、海底地形調査、海底地形図作成でも世界最先進国の立場にある。筆者はこれまで「海に守られた日本から海を守る日本」を提唱してきた。これからは「世界の海を守る日本」として主導的役割を果たすことが、わが国の責務でもある。

海底地形図の作成は、言うほど簡単ではない。ひとつでも多くの国が参加し、取り組むよう求めたい。国際的な共同作業が拡大すれば、各国が自国の利益にこだわってしのぎを削るのではなく、海の公平・公正な利用が広がる。

海は世界をひとつにつなぐ人類の共有財産である。国際社会が一致して海の健全化に取り組む態勢が整った時、無限のフロンティアとしての新しい海の姿が見えてくる。

100年後をにらみ海の再構築を

二〇一七年七月三日

温暖化・酸性化、漁業資源の枯渇、プラスチックごみの増大——。海の危機が急速に拡大しており、6月初旬には初の国連海洋会議も開催された。

なお薄い国際社会の危機感

しかし、米国のトランプ大統領が、地球温暖化の原因となる温室効果ガスの削減を目指すパリ協定からの離脱を表明するなど、陸や海の環境悪化に対する国際社会の危機感はなお薄い。海に関係する国際機関は国連食糧農業機関（FAO）、国際海事機関（IMO）、国連環境計画（UNEP）など9機関に上り、1993（平成5）年の生物多様性条約など多くの条約、協定を定めているが強制力を欠き実効を上げるに至っていない。そんな危機意識から、海洋会議最終日の国連総会本会議で、筆者は世界の非政府組織（NGO）を代表して、国を超えて海の問題を話し合う政府間パネルの設置を提案した。

わが国でも海を管轄する行政機関が9省庁11部局にまたがり、施行から10年を経た海洋基本法が十分機能しない現実がある。縦割りの各組織が横の連携を欠くのが一因で、政府間パネルでは各国が問題点や必要な対策を共有し、有機的な連携を強化したいと思う。日本はじめ各国が前向きに受け止めてくれるよう願っている。

地球温暖化の原因となるCO_2濃度は18世紀後半から19世紀にかけた産業革命以前に比べ40%増加、これに伴い平均気温も1度上昇し、パリ協定では気温上昇を産業革命以前に比べ2度未満に抑えるのを目標に、各国が独自のCO_2削減目標を策定している。

しかし現実には、各国がそれぞれの目標を達成しても地球温度はなお3度近く上昇するとされ、各地の海水温度も既に1度前後の上昇が見られる。

この結果、種に適した水温の海域に魚が移動し、世界の魚の分布に大きな変化が出ているほか、大気中の過剰なCO_2が海水に溶け込むことで酸性化が進み、豪州や沖縄では大規模なサンゴの白化現象も起きている。

深刻な乱獲やプラスチックごみ

魚の乱獲も進んでいる。FAOは主要な魚種200種類のうち8割以上を「これ以上、獲《と》ってはいけないレベルにある」と警告しているが、依然、歯止めが掛かっていない。世界の人口70億人のうち30億人が水産物を動物性タンパク質の主要な供給源とし、健康志向の高まりもあって総消費量は、この40年間で2倍に増えている。

日本財団がカナダなど世界の7大学・研究機関と2011年から取り組む国際海洋プログラム「海の未来の予測」によると、赤道周辺の商業種の漁獲可能性は2050年までに40～60％減少し日本産のすしネタが姿を消すといったショッキングな報告もなされている。

プラスチックごみによる汚染も深刻だ。世界の生産量は12年、2億8800万トンに上り、米ジョージア大の調査によると、このうち1・6～4・4％が海に流出。波間を漂ううち微小に砕け、海の生態系を壊し、海産物を通じて人間の健康に悪影響を与える恐れも指摘されている。中国やインドネシアなどリサイクルや廃棄処理が適切に行われていない地域からの流出が多く、UNEPは2015年、プラスチックごみが生態系や漁業など海洋に与える経済損失を年間130億ドル（約1兆4500億円）に上ると報告している。

これ以上の負荷に耐えられない

政府間パネルの設置と合わせ、国際協力による海底地形図の作成や国連の海事・海洋法課（UNDOALOS）と協力した海の人材育成も提案した。

特に海底地形図は月や火星の表面がほぼ解明されている現在でも、領海や排他的経済水域

（ＥＥＺ）を除いた公海の深海部を中心に85％が未解明の状態にある。当面、日本財団と大洋水深総図（ＧＥＢＣＯ）指導委員会の共同作業として進め、各国に領海やＥＥＺの未公表データや漁船、商船に装備されている測深機のデータの提供を求め、２０３０年までに完成させたいと考える。

成果をＧＥＢＣＯの公式サイトで公開するほか、グーグルの検索サイトとも連携することで国際的な共有財産として台風や津波の進路予測、海底資源の発掘などにも活用できる。

数年前まで海の危機は過剰操業に伴う漁業資源の枯渇が主たるテーマだった。しかし現在は海洋の温暖化や酸性化が深刻化し、元の状態に戻すのはもはや不可能といった指摘さえ耳にする。

人類は、17世紀のオランダの法学者グロチウスが唱えた「海は無限」「海洋の自由」そのままに、地球の3割を占める陸に比べ、7割の海を野放図に使ってきた。国連は地球の人口が半世紀後に１００億人を突破すると予測しており、海はこれ以上の負荷に耐えられない。

海の危機は「待ったなし」の状況にあり、〝母なる海〟が死ねば人類の生存は不可能になる。国際社会は１００年、２００年後をにらんで海の再構築に本格的に取り組まなければならない。

北極海問題で日本の存在感示せ

二〇一八年三月一六日

10年後の夏場は氷が姿を消す

北極海の温暖化が他地域の2倍の速さで進んでおり、10年後には夏場の氷が完全に姿を消す可能性が高くなった。海氷が融解し北極海航路が実用化されれば、アジアとヨーロッパの距離はマラッカ海峡・スエズ運河を経由する南回り航路に比べ30％以上短縮され、北極海に眠る石油、天然ガスの活用も現実化する。

一方で温暖化に伴う海水温上昇や酸性化、グリーンランドなどの氷床融解に伴う海面上昇など地球環境全体、とりわけ人類の生存基盤である海の危機も深刻化する。

わが国は国立極地研究所などの各国に先駆けた研究観測で、国際的にも高い評価を得てきた。法が支配する適正な北極海の利活用に向けたルール作り、地球環境全体に大きな影響を与える北極海の気象予測など幅広い国際貢献を一層、強化する必要がある。

北極に関しては１９９６年、ロシア、カナダなど北極圏８カ国が北極評議会（ＡＣ）を設立、持続可能な開発や環境保護などを話し合い、非北極圏国13カ国がそのオブザーバー国となっている。わが国も2013（平成25）年、中国、韓国とともにオブザーバー国に選ばれている。

同じ年、8カ国の1つアイスランドのグリムソン前大統領の呼び掛けで各国の北極担当者や研究者、ビジネス関係者らが集まる北極サークルも立ち上がり、昨秋の第5回サークルには50を超す国から2000人以上が参加、北極に対する関心の高さをうかがわせた。

北極には南極のように平和利用を定めた個別の法的枠組みや国際条約はなく、ACも軍事・安全保障に関する事項は扱わないのを原則としている。しかし新たな航路、膨大な資源が持つ戦略的・経済的価値は大きく、各国の動きも激しさを増している。

こうした中、日本財団も一昨年、笹川平和財団海洋政策研究所、政策研究大学院大学と北極の未来に関する研究会を立ち上げ、2月上旬、AC諸国やオブザーバー国から100人を超す関係者を集め「北極ガバナンスに関する国際ワークショップ」を開催した。

「一帯一路」に結び付ける中国

グリムソン氏も基調講演のため初来日し、筆者との対談では、北極海に対する中国の積極的な姿勢を話題にした上で、日本の一層前向きの対応を求められた。

中国は今年1月、初の北極政策白書を発表、北極政策の目標と基本原則を打ち出すとともに北極海を通る航路を「氷上のシルクロード」として中国の広域経済圏構想「一帯一路」と結び付ける考えを示し、世界の注目を集めている。

これに比べると日本の取り組みは確かに弱い。南極に比べ北極に対する関心の低さを指摘する声もある。科学的な調査研究で先行しながら、中韓両国が既に配備し2隻目を建造中の北極観測用砕氷船もいまだに所有できていない。

筆者は1993年から6年間、海洋政策研究財団（現・海洋政策研究所）がロシア、ノルウェーの研究機関と進めた国際共同研究プロジェクトの委員長として、北極海の通年運航は技術的には可能との研究成果をまとめた。

当時は北極海航路の実現を2050年前後と予測したが、温暖化の速度は予想をはるかに上回り、政府の取り組み強化は待ったなしの情勢だ。北極の未来に関する研究会でも1月、日本が取り組むべき課題と施策を提言にまとめ内閣府に提出した。

海洋国家としての総合戦略を

北極政策は外交、安全保障から環境、資源まで幅広く、関係省庁が分散している現状では統一した国の政策を打ち出すのは難しい。提言では内閣府の総合海洋政策推進事務局を司令塔に関係省庁と総合調整を図るよう求め、併せて20年代前半までに砕氷機能を持つ独自の北極域研究船を建造し、わが国の強みである科学技術を生かした積極的な国際協力を推進するよう提案した。

日本はアジア地域では最も北極に近く、北極海航路が本格化した場合、北海道を中心とした地域活性化が期待できる半面、対馬、津軽、宗谷の3海峡に外国船舶が輻輳《ふくそう》し海難事故や海洋環境が悪化することも予想される。

それ以上に、北極海の温暖化が現在の速度で進めば海水温度の上昇や酸性化で海の危機は深まり、膨大な氷床融解による海面上昇など、北極域の生態系だけでなく地球環境全体にも極めて大きな影響が出るのは避けられない。

北極海の中央部分はどの国にも属さない公海に当たり、この海域をどう公正に管理していくか、日本には海洋国家としてそのルール作りの一翼を担う責任もある。

政府は現在、2018年から5年間の第3期海洋基本計画の策定を進めている。日中韓3国のハイレベル対話で科学面の共同研究を進める方針も確認された。

わが国は海に守られ発展してきた。今こそ世界の先頭に立って海を守るべき立場にある。基本計画では国際社会が納得する存在感のある総合戦略が打ち出されるよう期待する。

海洋の危機に国際的統合機関を

二〇一八年六月一三日

人類の生存が危ぶまれる

海洋環境の悪化が急速に進んでいる。漁業資源の枯渇、海の温暖化、酸性化、プラスチックごみの流入――。どれも人口が急膨張した人類の社会・経済活動が原因である。海はこれ以上の負荷に耐えられず、このままでは早晩、人類の生存が危ぶまれる事態となる。にもかかわらず国際社会の危機感はなお希薄で、肥大化した国際機関も十分に対応できていない。

海には毎年1000万～2000万トンのごみが投棄され、80％をプラスチックごみが占める。世界のプラスチック生産量は2014年時点で3億1100万トン、50年前の20倍を超す。海を漂ううちに紫外線や波の力で5ミリ以下のマイクロプラスチックとなり、食物連鎖を通じて小型魚から大型魚さらに人間の体内にも取り込まれる。

汚染は地球規模に広がり、欧州連合（EU）は5月、ストローなどプラスチック製品の製造禁止と2024年までにプラスチックボトルの90％を回収する方針を加盟各国や欧州議会に提案した。国連も今年1月、代替品の開発などを検討する専門家グループの設置を決め、わが国もプラスチックの大量削減に向けプラスチック資源循環戦略の策定に乗り出した。ようやく取り組みが始まった形だが、一方で途上国を中心に現在も年間800万トンを超すプラスチックごみが海に流れ込んでおり、持続可能な海を保つために一刻の猶予も許されない状況にある。

漁業資源も然りだ。この半世紀で世界の人口、1人当たりの魚介類消費量とも2倍以上伸び、結果、世界の魚介類消費量は50年前の5倍に膨らんだ。世界人口は2060年には100億人に達すると推計され、魚介類の消費量は途上国を中心にさらに増える。

ばらばらで実効性乏しい組織

世界の海洋生物はこの40年間で50%も減少したといわれ、国連食糧農業機関（FAO）によると、わが国の周辺海域を含む北西太平洋海域では既に24%の魚介類が生物学的に持続不可能な状態となっている。資源の減少が高値を呼び、違法操業が増える悪循環も深刻化している。

温暖化に伴う海面上昇も深刻である。太平洋の島嶼《とうしょ》国キリバス共和国では水没の危機が叫ばれ、キリバス政府は将来の国民の海外移住を視野に、同じ島嶼国のフィジーに広大な農地を購入している。現在のペースで温暖化が続くと今世紀末までに海面が約1メートル上昇するとの研究報告もある。

1994年に発効し、現在、世界168カ国・地域が批准する海の憲法・国連海洋法条約は、海の3分の2を占める公海を「人類の共同財産」としている。しかし、新たに発見された海洋資源をめぐり各国の利害が衝突し、どう管理していくか、有効な知恵はいまだに出されていない。

国連にはFAOや国際海事機関（IMO）、国連環境計画（UNEP）など海洋に関する9機関があり、それぞれが条約や協定、議定書を管理している。だが採択されても条約や行動規範に強制力や実行の担保はなく、違法操業などに効果的な対応を取れていない。

多省庁にまたがり縦割りの弊害が指摘されている日本の海洋政策と同様、各機関が独立・分散している現状にも問題がある。このため筆者は昨年6月、海をテーマに初めて開催された国連海洋会議で海洋問題を国際的に総合管理する政府間パネルの設立を提案し、具体化に向け多くの国の賛同を得た。

1万年先を見据えた保存活動を

海は地球の70％を占める。しかし人類は太古から陸を中心に生活を築いてきたが故に、海に対する関心は低い。海の危機は、17世紀オランダの法学者グロチウスの「自由海論」そのままに海を野放図に使ってきた結果である。

海洋資源の活用が現実化するにつれ激しさを増す領海や排他的経済水域（ＥＥＺ）をめぐる紛争を前にすると、国際社会にはなお、海を無限と見る風潮が根強く残っているような気がしてならない。海の再生が二の次となる事態を憂慮する。

スウェーデンの港町マルメにある世界海事大学（ＷＭＵ）では途上国の海事関係の人材育成に取り組み、日本財団も運営に協力。これまでに１４０カ国、１２００人を超す海洋専門家を育て、今回、新たな付属機関として「笹川海洋研究所」を設立することになった。

５月、その開所式に当たり、昨年秋に死去した伝説的なアメリカン・インディアンの指導者デニス・バンクス氏の「われわれは7代先の子どもたちのために今何をしなければならないかを決めている」との言葉を借り、１０００年、１万年先を見据えた海の保存を訴えた。

健全な海を後世に引き継ぐのは人類共通の責務である。国際社会は〝母なる海〟の厳しい現実を直視する必要がある。その上で海洋保全に向けた新たな国際的統合機関の設置を、各国に強く訴えたい。海に守られてきた海洋国家・日本が、その先頭に立つべきは言うまでもない。

二階幹事長殿　海の日の固定を

二〇一八年七月一九日

祝日には託された意味がある

7月16日に今年の「海の日」を迎えた。秋にかけ全国で約1500に上る関連企画や催しが開催され、青少年を中心に延べ200万人以上が参加する。全国47都道府県の地方テレビ局にも取り上げられる予定で、文字通り全国的な一大イベントとなる。

海の日は平成8（1996）年、国民の祝日として7月20日に固定された。明治天皇が地方巡幸を終え横浜港に帰着された日に由来し、祝日化を求め2276自治体（当時）が意見書を採択し、1038万人の署名も集まった。

しかし土曜、日曜日に月曜日を加え3連休とするハッピーマンデー制度の導入に伴い平成15年から「7月の第3月曜日」となった。現在、海の日のほか、成人の日、敬老の日、体育の日がこの制度の対象となっているが、毎年、日にちが変わるこの制度には、どうしても違和感がある。国民の祝日は、その日を固定してこそ、託された意味が国民に共有されるからだ。

ハッピーマンデー制度の創設には、全国旅行業協会（ANTA）の会長でもある自民党の二階俊博幹事長が尽力された。〝失われた20年〟で経済が低迷するなか、3連休が観光振興、ひいては地方創生に成果を上げたのは否定しないし、その功績に敬意も表する。

しかし6月の記者会見で早々に、海の日固定に反対する考えを表明されたのは感心しない。政権政党の幹事長の立場にあるとはいえ、海の日の扱いは総合海洋政策本部のテーマであり、その本部長は安倍晋三首相だからだ。

しかも海の日をめぐっては、2つの議論が並行して進んでいる。ひとつは日本旅行業協会（JATA）、日本ホテル協会など観光業界の動きだ。関係7団体でつくる「働き方改革など休暇制度を考える会議」は4月、ハッピーマンデー制度の維持を決議し、3連休に伴う経済効果を前面に打ち出している。

もうひとつは200人を超す超党派の国会議員でつくる「海事振興連盟」（衛藤征士郎会長）の活動だ。ハッピーマンデー制度では海の日の趣旨が損なわれるとして再固定化に向け、秋以降、祝日法改正案の国会提出を目指している。6月、自民党内閣第一部会で行われたヒアリングでは海の日固定を求める議員が圧倒的多数を占めた。

環境や防災面からも急を要する

筆者が海の日固定にこだわる一番の理由は、海の劣化が一刻の猶予もならない深刻な段階に来ている点にある。先月、本欄に投稿した「海洋の危機に国際的統合機関を」でも触れたように、海は現在、人口が76億人に達した人類の社会・経済活動に伴い漁業資源の枯渇、海の温暖化・酸性化やプラスチックごみの流入が進み、このまま放置すれば早晩、人類の生存にも影響する状態にある。

さらに防災面からも海の日の固定は急を要する。今回の西日本豪雨災害を見るまでもなく異常気象に伴う災害の巨大化が目立ち、南海トラフ地震など大型地震の発生も懸念されている。防災強化には、異常気象や大地震、さらに大地震の際に予想される大津波など海底を中心にした構造解析が必要となる。

次いで資源面だ。わが国は総面積で世界6位となる領海、排他的経済水域（ＥＥＺ）を持ち、そこにはメタンハイドレートやマンガン団塊、レアアースなど豊富な資源の存在が確認されている。資源小国である日本の将来はこうした資源の活用にかかり、海底調査や技術開発など海の研究が欠かせない。

観光業界は海の日の３連休に伴う経済効果を約４００億円と見込んでいるが、日本近海に眠る資源は数兆円に上ると推計され、資源開発に向け新しい産業の創出も期待できる。

海洋国家として存在感を示せ

海に関しては国連が6月8日を「世界海洋デー」（World Oceans Day）と定め、国際海事機関（IMO）も9月最終木曜日を「世界海事日」（World Maritime Day）とし、米国や中国にも海の日がある。

こうした中、唯一、祝日とする日本の海の日には、海の恵みを受け、海に守られてきた海洋国家として、国際社会の先頭に立って海の危機に取り組む決意が込められている。

〝待ったなし〟の海の危機に対し、国際社会はなお陸中心の発想が強く、国連中心に海を守る動きがようやく始まったとはいえ、全体の危機感はなお希薄である。誰かが世界の先頭に立って行動を起こす必要があり、その可能性を持つのが日本である。行動することが国際社会での日本のプレゼンスにもつながる。

こうした点を総合的に踏まえれば、国民、何よりも次代を担う青少年に海の大切さを伝えるためにも、海の日の再固定化が急務である。海にどう向き合うか、それこそが国家の大計である。二階幹事長には大所高所からこの問題に対処し、今以上の名幹事長になっていただきたく思う。

プラごみ入り口に海洋問題を

二〇一九年七月二二日

海の危機が一段と深刻化している。人類の社会・経済活動の結果であり、今を生きるわれわれには500年、1000年後の社会に健全で美しい海を引き継ぐ責任がある。海水温の上昇や酸性化対策、漁業資源の保存に向け、世界は国連を中心に国際機関や基準を設けてきた。だが、統括する国際機関がなく、縦割りの弊害が持続可能で効果的対応を難しくしてきた。

海洋管理の国際機関新設を

平成29（2017）年の国連海洋会議で、日本財団は海洋を総合的に保全する政府間パネルの設置を提案した。各国の反応は今ひとつの感が強かったが、深刻化する海洋プラスチックごみ（海洋プラごみ）問題を前に雰囲気が大きく変わる兆しが出てきた。

プラスチックごみは先進国、途上国を問わず、誰もが日常的に接する身近な問題であり、国際社会が海の危機に対し足並みをそろえる格好の「入り口」ともなる。あらためて海洋を総合的に管理する国際機関の設置を訴えたい。

海に流れ込むレジ袋やペットボトルなど海洋プラごみは世界で年間500万〜1200万トン、日本では2万〜6万トンに上ると推計されている。6月に大阪市で開催された主要20カ国・地域（G20）首脳会議では、海洋プラごみによる新たな海の汚染を2050年までにゼロにする「大阪ブルー・オーシャン・ビジョン」が打ち出された。

世界では現在、サトウキビなど生物資源を原料にしたバイオマスプラスチックや間伐材を利用した木製ストローなど新素材の開発が活発に進められている。海底に堆積したごみの回収処理施設の整備から、地球にやさしいゴミ拾いスポーツまで多彩な取り組みも広がり、G7海洋プラスチック憲章を打ち出した昨年の先進7カ国（G7）首脳会議のホスト国カナダのように、使い捨てプラスチックを2021年に禁止する動きもある。

日本政府も大阪のG20に先立って2030年までにプラスチックの再生利用を倍増させる、などを内容としたプラスチック資源循環戦略を打ち出すとともに、政府開発援助（ODA）や国際機関を通じて途上国の廃棄物分別収集などを支援する考えだ。

公海にも拡大する海の危機

われわれも「日本財団　海と日本プロジェクト」の中に、海ごみ対策を中心とする「CH

ANGE FOR THE BLUE」プロジェクトを立ち上げ、海洋ごみの実態調査や幅広いステークホルダーと連携した対策モデル構築など多彩な取り組みを進めている。

海は大量の海洋ごみのほか、二酸化炭素（CO_2）の排出増加に伴う海水温の上昇や酸性化、乱獲による漁業資源の枯渇などが急速に進んでいる。世界１６８カ国が批准する海の憲法「国連海洋法条約」（UNCLOS）は地球の７割を占める海のうち、各国の沿岸から12カイリ以内を領海、２００カイリ以内を排他的経済水域（EEZ）とし、それ以外の３分の２の海域を各国政府の管轄外となる公海としている。

近年、海水温の上昇に伴い、主な魚種の８割以上が繁殖に必要な温度環境を求め、極地方向あるいは深海に移動しつつあるとされ、ただでさえ漁業資源の枯渇で危機に瀕《ひん》している世界の漁業は一層、厳しい状況に追い込まれている。

さまざまな議論があるようだが、地球温暖化―海水温上昇の主因が化石燃料によるCO_2の放出にあるのは間違いない。海の危機は公海にも広く拡大しており、国際社会は公海に関しても環境保全に向け、節度ある協力態勢を確立する必要がある。

とりわけ海洋プラごみに関しては、海に流出後、波や紫外線の影響で5ミリ以下に砕けたマイクロプラスチックの分布状況や魚介類の摂取を介した人体影響の解明が急務である。

17世紀のオランダの法学者グロチウスが唱えた「自由海論」に基づき、いまだに海の自由な利用を唱える向きもあるが、当時、10億人に満たなかった世界の人口は70億人に増えた。海の劣化は、こうした変化を意識しないまま経済活動を拡大、化石燃料の大量使用を続けた結果である。

海はこれ以上の負荷に耐えられない。国際社会はこの事実を厳粛に受け止め、G20が打ち出した海洋プラごみゼロの目標に立ち向かうべきである。個人としては、目標年を50年より早め、各国が法的な拘束力を持つ協定を取り交わすような、より積極的な対応こそ必要と考える。

母なる海は一つで結束を

安倍晋三首相は7月15日に行われた「海の日」総合開会式にビデオメッセージを寄せ、海洋プラごみ問題が世界的に深刻化している現状を指摘した上で、「海洋国家日本がリーダーシップを発揮して、新しい令和の時代を海とともに歩む」と語った。

海の再生は〝待ったなし〟である。国連加盟国は現在、193カ国に上るが、「母なる海」は一つだ。国際社会は今こそ結束して行動を起こさなければならない。古《いにしえ》から海の恩恵を受けて発展してきた日本が、その先頭に立つべきは言うまでもない。

海洋問題解決は日本が主役たれ

二〇二〇年七月二一日

この夏も日本列島は九州を中心に激しい豪雨災害に見舞われた。想定外の災害が常態化し、年を追うごとに激しさを増している。積乱雲が帯状に固まって局地的に豪雨が降る「線状降水帯」が次々と発生したのが原因で、インド洋や東シナ海など日本近海の海水温の上昇が遠因と指摘されている。

昨年9月、モナコで開催された気候変動に関する政府間パネル（ＩＰＣＣ）総会で採択された「海洋・雪氷圏に関する特別報告書」は、地球温暖化による極地や山岳地域の氷河と氷床の融解で海面水位の上昇が加速しており、状況は不可逆的な転換点（Tipping Point）を越えたと警告している。

〝待ったなし〟の危機的状況

多くの観点から温暖化の原因が指摘されているが、人類の社会活動で排出される二酸化炭素（CO_2）など温室効果ガスの増加によって海水温の上昇や海の酸性化が進み、海面上昇やサンゴの白化などさまざまな現象を引き起こしているのは間違いあるまい。乱獲に伴う漁業資源の枯渇やプラスチックごみの流入なども加わり、海の劣化はあまりに深刻だ。

17世紀のオランダの法学者グロチウスが唱えた「海洋の自由」そのままに野放図に海を使ってきた結果である。CO_2の平均濃度は18世紀後半から19世紀にかけた産業革命以前に比べ40％以上増加し、増えた熱エネルギーの90％以上が海洋に蓄えられ、台風の巨大化など想定外が起きている。長い人類の歴史の中の〝ほんの一瞬〟にすぎない2〜3世紀の間に、人類を育んできた〝母なる海〟を回復不可能なところまで荒廃させることは許されない。事態は〝待ったなし〟の深刻な状況にある。

しかるに各国の危機感は希薄である。陸中心の長い歴史のせいか、南シナ海で典型的に見られるように海の覇権争いには熱心であっても、健全な海洋の保全に対する興味は薄い。国連も、国連食糧農業機関（ＦＡＯ）や国際海事機関（ＩＭＯ）、国連環境計画（ＵＮＥＰ）など海洋に関する9機関がそれぞれ条約や協定を管理しているが、多省庁にまたがり縦割り行政の弊害が指摘されている日本と同様、効果的な対応を取れているとは言い難い。

膠着《こうちゃく》した事態を動かすには、民間の幅広いネットワークで問題の所在と解決策を提示して国際世論を盛り上げ、その力で各国を動かすしかない――。そんな思いで日本財団は１９８

8（昭和63）年から「海の世界の人づくり事業」に取り組む一方、2017年6月に開催された初の国連海洋会議では世界の非政府組織（NGO）を代表して各国が問題点や必要な対策を共有する政府間パネルの設置を提案した。

具体策を発信する段階に

人づくりは世界海事大学（WMU）で1998年以降74カ国641人、国際海洋観測機構（POGO）で2006年以降42カ国110人といった具合で順調に進み、既に150カ国で計1450人のフェローがネットワークを形成して各国政府や国際機関、学術機関、NGOなどで活躍している。

2011年からカナダなど世界の7大学・研究機関と進めた国際海洋プログラムは昨年、米・シアトルのワシントン大学と共同で新しいプログラムに衣替えした。海洋のほか公衆衛生からデータ分析まで世界の100機関から1000人の研究者が参加、これまでに蓄積された気候変動や開発行為に伴って発生した汚染問題、水産資源の枯渇などのデータを基に具体的解決策を世界に発信していく予定だ。併せて10年計画で新たな専門家100人の養成も計画している。

安全航行や気象変動、津波予測に不可欠な海底地形図の作成では、事業を通じて育った40

カ国90人のスペシャリストが、日本財団と大洋水深総図（ＧＥＢＣＯ）指導委員会が２０１7年に開始した地図作製作業の中核を担い、スタート時点で6％にすぎなかった海底地形の解明をわずか３年弱で19％まで拡大、目標とする30年の海底地形図１００％完成が視野に入るところまで進展させた。作業が進むに連れ、幅広い研究機関の協力も得られ、各国がネットワークの意義と成果に注目している。

ニューノーマルの取り組み

陸の問題の多くは当事国が解決する。しかし世界が一つにつながる海の問題を一国で解決することはできない。温室効果ガスの排出削減やプラスチックごみの流入一つとっても、各国が総力を挙げて取り組まない限り改善に向けた道筋は見えてこない。人類の生存にもかかわる海洋問題の解決は、幅広い知見を有する専門家のネットワークと各国の連携が実現して初めて前に進む。恐らくそうした取り組みこそ「ニューノーマル」となろう。

日本は海に囲まれ、その恩恵を受けて発展してきた。深刻な海の現状を前に沈黙は許されない。一国主義、自国優先主義が台頭する中、国際社会の先頭に立って海の健全化に取り組む責任がある。それに応える力は十分あるし、そうした取り組みが揺れ動く国際社会の中でプレゼンスを確立する道でもある。

「海は泣いている」人類生存問題

二〇二一年一一月三〇日

人間の社会活動に伴って大量に排出される温室効果ガスを原因とする猛暑や豪雨、森林火災など「陸」の災害が世界で激しさを増している。しかし、地球温暖化の主要な原因となっている二酸化炭素（CO_2）の約3割を海が吸収し、温暖化の進行を緩和している事実はあまり知られていない。

「もう一つのCO_2問題」

海水に取り込まれたCO_2は、表層の水素イオン濃度指数（pH）が8・1前後と弱アルカリ性の海水を酸性側に変化させ、絶妙なバランスの上に成り立つ海の生態系を狂わせている。「もう一つのCO_2問題」と呼ばれる海洋酸性化である。

カナダなど世界の7大学・研究機関と日本財団が2011（平成23）年から取り組んだ「海の未来を予測する」プログラムは4年後の2015年、海水温の上昇などで「2050

年には赤道付近の熱帯域における商業魚種の漁獲量が3割以上減少する」「日本産のすしネタがやがて姿を消す」などショッキングな報告をまとめた。

その後も東京湾や伊勢湾でシャコの不漁が発生、最近では北海道東部の太平洋沿岸で原因不明の赤潮が発生しウニやサケ、タコが壊滅的な打撃を受けている。プラスチックを中心にした海洋ごみの増加や乱獲による漁業資源の枯渇なども加わり、海洋は酸性化が問題になる以前から危機に直面している。〝母なる海〟が死ねば人類は生存できない。500年、1000年後の海は果たして大丈夫か、強い危機感から平成29年7月の本欄で「1000年後をにらみ海の再構築を」と訴えた記憶がある。

今後も一層進む海洋酸性化

海洋酸性化は1970年代初頭に、初めてその可能性が指摘された。当時は海水のpHを正確に測る方法はなく、海洋生物に対する影響調査も四半世紀ほど前に始まったばかり。実態解明が大幅に遅れているとはいえ、温室効果ガスの増加に伴って世界の海に被害が拡大しているのは間違いない。

酸性化が進むと、貝類やサンゴが炭酸カルシウムの結晶体である殻や骨格を形成するのが難しくなるという。気候変動に関する政府間パネル（IPCC）の第5次評価報告書（20

13年）は、「（産業革命が始まった）1750年から全海洋平均でpHが0・1下がり、今世紀末までにさらに0・065から0・31低下する」と一層の酸性化を予測している。このまま進むと、貝類やサンゴが育たなくなる事態も懸念され、特にサンゴは海水温の上昇に伴う白化現象も加わり壊滅的な打撃を受ける恐れがある。

「CO_2は水温が低いほど溶けやすく、海氷融解で海水温が下がる南極域や北極域で酸性化が進みやすい」「河川水が流れ込み海水中の成分が希釈される沿岸海域で起きやすい」など酸性化が進む要因が指摘されている。深海から海水が上昇する海域では海底でプランクトンの死骸が分解される際に発生するCO_2が湧昇し表層近くが酸性化する、といわれ、2005年から09年にかけ米国西部のワシントン州とオレゴン州の養殖施設で、カキの幼生が大量死する事態も何回か起きている。

日本財団では2020年8月、「里海づくり研究会議」（岡山市、田中丈裕事務局長）と連携して海洋酸性化適応プロジェクトを立ち上げた。米ワシントン大や水産研究・教育機構（横浜市）などと協力して、カキ養殖が盛んな岡山県備前市の日生沖と宮城県南三陸町の志津川湾の2カ所をモデル地域に調査を進めている。漁業被害に至っていないものの水中を浮遊するカキの幼生に変形が見られ、3年目となる来春にどのような調査結果がまとまるか注目している。

国連が2015年に採択した持続可能な開発目標（SDGs）は目標14の「海の豊かさを

守ろう」で海洋酸性化の抑止を重点目標の一つに挙げている。先に英国・グラスゴーで開催された国連気候変動枠組み条約第26回締約国会議（COP26）は、今世紀末までの世界の気温上昇幅を産業革命前に比べ、「1・5度以内に抑える努力を追求することを決意する」旨の合意文書を採択した。しかし、焦点となった火力発電所での石炭使用の規制などをめぐり依然、先進国と途上国の対立が続いている。

CO_2排出削減が唯一解決策

気温の上昇も海洋酸性化もCO_2の排出削減なしに解決しない。プラスチックを含めた海洋ごみの増加や溶存酸素量が徐々に減少する貧酸素化も加わり、あまりの負荷の増加に海は泣いている。IPCCは海洋酸性化がさらに進むと海洋がCO_2を吸収する能力が低下すると警告している。そうなると大気中のCO_2はさらに増え、地球温暖化は一段と加速される。

結局、陸も海もCO_2の排出削減を強化する以外、防御策はない。陸の異常気象に比べ海洋酸性化は人々の関心が希薄な傾向にある。陸と海が一体であるとの認識を改めて共有する必要がある。そのためにも世界の海で何が起きているか、データを整備し、地球全体が危機に直面している現実を繰り返し訴えていく努力が急務である。

「海プラ削減」で世界のリーダーに

二〇二二年七月二三日

海面上昇、海洋の酸性化、漁業資源の枯渇……。母なる海が危機にひんしている。このままでは人間の力では回復不可能な状態にまで荒廃が進みかねない。

27回目の「海の日」（7月18日）を迎えたのを機に、海ごみの60％以上を占めるプラスチックごみの流出防止に一人でも多くの国民が参加されるよう訴えたいと思う。プラスチック製品は日常生活の中にあふれ、子供から大人まで誰もがいつでも行動を起こせる。運動の盛り上がりが政治や企業を動かし、海だけでなく地球全体の環境を守る活動の広がりに直結するからだ。

1億5000万トンが海に残る

2020年の世界のプラスチック生産量は1960年代の約20倍に当たる3億6700万トン。2040年までにさらに2倍に増えると予想され、推定で1億5000万トンが海中に残る。

現在も年間８００万トンが海に流入しており、２０１６年に開催された世界経済フォーラム（ダボス会議）が、「50年には魚の量を上回る」と警鐘を鳴らしたのは記憶に新しい。

海を漂ううち、紫外線に晒《さら》されて劣化し、５ミリメートル以下のマイクロプラスチック、さらに顕微鏡でしか見えないナノ単位のプラスチックに砕かれて海底に沈み、ＰＣＢ（ポリ塩化ビフェニール）など海底に堆積する有害物質と結び付く。

東京大学などと日本財団が進める「海洋ごみ対策プロジェクト」の研究によると、プランクトンが微小なマイクロプラスチックを食べ、食物連鎖を通じて人体に取り込まれ、摂食者だけでなく子孫にも悪影響が出る可能性がある。

影響は50年、１００年先まで続くと予想され、これ以上の海の荒廃を防ぐには新たなプラスチックごみ流入を少しでも減らすしかないと考える。

プラスチックは１９０７年の発明以来、軽くて強く、さまざまな形に加工できる特性から１９６０年代以降、社会生活の中に急速に普及した。

２０２０年の日本の生産量は世界５位の９６３万トン。容器、包装、袋などのパッケージが36％と最も多く、建設関係が16％、繊維14％となっている。

日本には豊富な文化や知恵

プロジェクトに参加する浅利美鈴・京大准教授によると、社会生活に不可欠なメガネやパソコンなどエッセンシャルユースではバイオプラスチックなど代替品の開発を待つことになる。しかし、レジ袋や日本特有の食品・手紙類の丁寧な包装や梱包《こんぽう》は「不要」とする人が増え、脱プラスチックの流れが急速に高まっている。

そうした流れを支える文化や知恵はわが国に豊富にある。まずは「もったいない」の精神。その考えはごみ対策に不可欠な3R（リデュース、リユース、リサイクル）に通じる。

東日本大震災（2011年）で、平時に換算すると100年分を超す100万トンものがれきを住民の手作業でコンクリートやプラスチックなど19品目に分類し、97％を街の復興に活用した宮城県東松島市の取り組みも「日本の知恵」として注目されている。

考えの基本は「混ぜればごみ、分ければ資源」。ウクライナ情勢に関連して6月、JICA（国際協力機構）がオンラインで行ったセミナーでも紹介され、ロシアの侵攻で破壊された街の復興策としてウクライナ政府関係者も大きな関心を示した。

国民の活動も確実な広がりを見せている。日本財団の関係に限っても、令和2年から広島、岡山、香川、愛媛4県と進めたごみ削減の取り組みで瀬戸内海は「世界一美しい内海」に蘇《よみがえ》りつつある。全国各地で行った「海と日本プロジェクト」には、5000を超す多彩な催しに270万人が参加した。

昨年春、海洋研究開発機構（JAMSTEC）が有人潜水調査船「しんかい6500」を使った調査で千葉県の房総半島南東約500キロメートル、約6000メートルの深海に食品包装材や化学繊維製品が大量に堆積した〝プラスチックの墓場〟が見つかった。

海ごみ対策は海洋国家の責任

国内から流出したプラごみだけでなく、東南アジアや東アジアから黒潮に乗って漂着するごみも含まれている。

国連環境計画（UNEP）が2018年に発表した報告書によると、日本のプラスチックごみの廃棄量を人口1人当たりに換算すると32キログラムで、米国に次ぎ世界第2位。海洋のプラごみの80％が内陸から流出している現実もある。

日本は海の恩恵を得て発展してきた。独自の海洋基本法を整備し、世界で唯一、海の日を国民の祝日として持つ。

海ごみ対策への姿勢が海を健全に守る世界の取り組みをリードし、国際社会における日本の存在感を高めることになる。わが国にはそれを実現する力が十分あると確信する。

浅海域地図が「豊かな海」を守る

二〇二二年一一月二五日

詳細な海底地形情報は2％

6800を超す大小の島々からなる日本の総海岸線は約3万5600キロ、世界6位の長さだ。しかし、海岸線に接する浅海域（水深0〜20メートル）の岩礁や浅瀬など詳しい海底地形情報が把握されているのは全体の約2％にとどまる。

船舶を使った従来の調査では、沿岸域に多い岩場などが障害になって情報収集が難しく詳細な情報入手に限界があった。

そこで日本財団と日本水路協会が空から総海岸線の90％を目標に10年がかりで浅海域地図の作成に取り組む協働プロジェクトをスタートさせた。

地域によって違いがあるが、浅海域を海岸線から1キロの範囲と仮定すると対象面積は3万5600平方キロ、国土の9％に相当する。広大な浅海域の情報は海難事故の防止や大地震発生時の津波の予測だけでなく、新たな漁業資源の開発にも役立つ。同時に大気中の二酸化炭素（CO_2）の吸収源である海藻などブルーカーボン生態系の保存・再生を図る上で重要な資料となる。

今年は、「1歩」の歩幅を中心にした17年間に及ぶ測量で、鎖国時代のドイツ人医師シーボルトもその正確さに驚いた伊能忠敬の「大日本沿海輿地全図」が完成して201年。浅海域地図が新たな「海の日本地図」として、ともすれば陸に比べて希薄な海に対する人々の関心を高め、豊かな海を守る手掛かりになると期待する。

プロジェクトでは航空レーザー測量（ALB）技術を使って陸地と海底を連続的に測定し、陸地から浅海域まで切れ目のないシームレスな地図を作成する。1秒当たり2250平方メートル、従来の船舶による音響調査に比べ90倍の測定能力を持ち、岩礁や浅瀬など浅海域の詳細な情報が入手できる。

南海トラフ巨大地震で大津波の発生が懸念されている四国から東海地方にかけた太平洋岸など緊急度の高い海域から測定を進め、順次公開して海の諸問題解決に役立てる予定だ。

飛行禁止エリアなど約1割が調査対象外となるが、地図は国の基本であり要である。関係法令の手直しなど必要な対応が取られ、10年を待たずに全海域の地図が完成すると期待する。

完成すれば岩礁などが多い沿岸域の航行に対する安心感が大きく上昇する。4月に北海道知床沖で乗客乗員26人が乗った観光船が沈没し、20人が死亡、6人が行方不明となった事故のような悲劇は避けられるかもしれない。東日本大震災（2011年）では沿岸域の海底地形の違いによって津波の高さ・規模に大きな差が出た。詳しい地形が分かれば防災計画の強化も期待できる。

急速に減るブルーカーボン

さらに重要な意味を持つのが地球温暖化との関係。最近、各地で頻発する熱波や旱魃《かんばつ》、異常豪雨は半端ではない。海水温の上昇、海面上昇、酸性化など海にも深刻な影響が出ている。

エジプトのシャルムエルシェイクで開催された国連気候変動枠組み条約第27回締約国会議（COP27）でも「地球の存続に関わる脅威」との認識、危機感が一層強まった。

各種資料によると、人間の社会活動に伴って毎年、大気中に排出されるCO_2の約20％は森林など陸のグリーンカーボン、25％が海のブルーカーボンに吸収され、残りが大気中に残り温暖化を引き起こしている。ブルーカーボンの8割は海洋全体の0・5％に過ぎない沿岸の海草藻場《もば》や熱帯・亜熱帯地域に多いマングローブ林などに貯留されている。

問題は海草藻場やマングローブ林が毎年2〜7％、乱開発が問題となっている陸上の熱帯雨林などグリーンカーボン生態系を大きく上回るスピードで消失しており、このままでは早晩、世界の海から姿を消すと懸念されている点だ。

国連環境計画（ＵＮＥＰ）の指摘を待つまでもなく、保存・再生が急務で、日本のように広大な沿岸浅海域を持つ国が果たすべき役割は大きい。既に国土交通省や農林水産省、環境省、一部自治体がブルーカーボン生態系の保存・再生への取り組みを始めているが、その活動を加速するためにも詳細な浅海域地図の完成が待たれる。

備えの強化は〝待ったなし〟

南海トラフ巨大地震や南関東地域を震源地とする首都直下地震の発生確率も「30年以内に70％」とされ、備えの強化が〝待ったなし〟の状態にある。詳細な沿海浅海域情報は防災面からも急務だ。

温暖化防止も防災も国民の理解と協力なしに進まない。日本財団が２０３０年の１００％完成を目指して、２０１７年から大洋水深総図（ＧＥＢＣＯ）指導委員会と共同で進める世界の海底地形図作成も当初の６％から26％まで進んだ。

浅海域や海底の分かりやすい情報が何よりも人々の海への親しみを育み、温暖化防止や防災意識を強くする。浅海域地図がその重要な役割の一端を担うのは間違いない。そんな熱い思いを込め、「民」の立場から地図の作成に積極的に取り組んでいく覚悟でいる。

「無人運航船計画」の大きな可能性

二〇二三年九月二五日

オールジャパン体制

日本では、新たな考えや技術で社会を大きく変えるイノベーションは生まれないのではないか。こんな悲観的な見方をする人が増えている気がする。

イノベーションを引き起こすのは、時代を先取りした少数意見や考えである。聖徳太子が十七条憲法で掲げた「和」の精神に代表されるこの国の風土、調和と安定を何よりも尊ぶ企業精神に合わないということかもしれない。

しかし、このままでは国際社会の中で薄れつつあるわが国の存在感は一層、低下する。それだけではなく、最近の若者に見られる強い起業意欲など新しい価値観や積極的な行動を封じ込める結果にもなりかねない。

日本が何時《いつ》までも〝イノベーション途上国〟であっていいはずはない。そんな思いの中、世界に通用するイノベーションになる可能性を持つと期待するプロジェクトがある。日本財団が多くの企業とオールジャパン体制で進める無人運航船プロジェクト「MEGURI2040」がそれだ。

AI（人工知能）を使った無人運航が実現すれば「人や流通などのMEGURI（循環）が良くなる」「2040年に国内の港を航海する内航船の半分を無人運航化する」の2点がプロジェクト名の由来だ。

令和2（2022）年に第1ステージがスタート。昨年1～3月には、民間企業とともに立ち上げた5つのコンソーシアム（共同事業体）と共同で、大型フェリーや小型旅客船、コンテナ船、水陸両用船を使って世界で初めてとなる既存航路での実証実験を行った。

うち大型フェリーの実証実験は、全長約220メートルのカーフェリーを使って、北九州市の新門司港と愛媛県西部の伊予灘間の往復240キロの海域で実施した。往来する船舶との接近・衝突を避けながら時速約50キロの高速で自動操船を行ったほか、AIを活用して自動で離接岸も行い、世界から大きな注目を集めた。

世界初の実証実験に成功

いずれも成功し、昨年10月からは第2ステージに移行。2025年までに無人運航船を実用化し、2040年には内航船の50％の無人運航を実現したいと考えている。

そのために離島連絡船やコンテナ船を使った実証実験をさらに重ね、複数の無人運航船を陸上から遠隔支援するセンターの整備や無人運航船の運航に係る人材の育成、無人運航船が社会に受け入れられる環境づくりなどに取り組む計画だ。

現在、社会の関心は車の無人運転に集まっているが、無人運航が実現した場合の影響は車以上に大きい。日本船主協会の資料によると、世界を航行する総トン数100トン以上の船舶は約8万8000隻。うち貨物や人を運ぶ貨物船、客船、フェリーなど商船が約4万6000隻、過半を占める。

航海士や機関士、甲板員ら乗組員数は世界で約165万人。わが国の物流の99・6%を担うほか、内航船は約400に上る有人離島の生活の足として重要な役割も果たす。

無人運航を可能にするには、国際条約に基づく規則づくりや国内の関係法令の整備、さらに新しい運航方式に見合った保険制度の整備など重要課題が山積している。無人運航船の開発は英国やノルウェー、韓国やシンガポールなどでも進められており、わが国がどこまで主導できるかが日本の海運業の将来、さらに日本発のイノベーションとなり得るかを占う大きなポイントとなる。

長年にわたって培われた日本の技術力だけでなく、プロジェクトに造船や海運、舶用機器メーカーなど関連業界だけでなくＡＩやＩＣＴ（情報通信技術）、さらに商社など他分野も含め、計51社が幅広く参加する手厚い体制に支えられているのが何よりの強みだ。

世界に通じるイノベーション

海の世界は今、先進国を中心に少子化が進み、船員不足が深刻化している。特に内航海運は50歳以上の船員が過半を占め、70歳以上も20人に1人に上る。海難事故の80％が見張りの不十分、不適切な操船などヒューマン・エラーで占められている現実もあり、人手不足の解消、仕事の安全性を確保する上でも無人運航船に対する期待は大きい。

日本は四方を海に囲まれた海洋国家として、つい半世紀前は世界の造船竣工《しゅんこう》量の半分近いシェアを持ち「造船王国」の名を誇った。今は中国、韓国の後塵《こうじん》を拝しているが、せめて海に関しては世界をリードし、国際社会で存在感のある国になってほしいと思う。

一連の取り組みについて外国の関係者から「各国の取り組みの中で最も際立っている」といった高い評価を受けるにつけ、プロジェクトの先行きに大きな可能性を感じている。

世界に通じる日本発のイノベーションに成長する姿を信じて、「民」の立場で一層、取り組みを強化する決意でいる。同時に「官」の積極的な協力も求めたく思う。

第三章●私の外交論

――より幅広い視点で世界と対峙する

日本流国際支援に誇りと自信を

二〇一六年一二月二日

国際社会が大きく揺れ、日本外交も難しい局面を迎えている。その中で1991年から10年間、世界1位の座にあった日本の政府開発援助（ODA）は現在、世界5位に後退している。しかし、覇権や反対給付を求めず相手国の目線に立って支援する日本の国際貢献に、途上国の評価、期待は逆に高まっている。

1000兆円を超す借金を抱え、少子高齢化の進行で経済が停滞する中で、日本が国際社会で安定した地位を確保していくためにも、引き続き質の高い支援を継続・発展させる必要がある。

高いアフリカ諸国の期待感

政府主催の第6回アフリカ開発会議（TICAD）が8月、ケニアの首都ナイロビで開催され、日本は民間投資も含め総額300億ドルの援助を打ち出した。

中国が昨年の第6回中国アフリカ協力フォーラム（FOCAC）で打ち出した支援額の半分にとどまるが、産業や経済、公衆衛生分野などの人材育成を中心に「1千万人の人づくり」を柱に据え、インフラ重視の中国ODAとの差別化を図っている。

会議には70社に上る日本企業の経営幹部も参加、国際協力機構（JICA）や各企業の出展ブースも用意され、2日間で1万人を超す人が会場を訪れた。

TICADは1993年以来、5年ごとに日本で開催されてきたが、アフリカ連合（AU、54カ国・地域）の強い要請で6回目の今回からアフリカと日本で3年ごとに開催することになった。大統領13人を含む各国の首脳も多数参加し、アフリカ諸国の対日期待感の高さをうかがわせた。

今年は、笹川アフリカ協会（SAA）の設立30周年にも当たり、期間中、同じ会場で記念シンポジウムを開催した。SAAは84年、エチオピアを中心にアフリカを襲った大飢饉《ききん》に対する食料援助をきっかけに、ジミー・カーター米元大統領や緑の革命でノーベル平和賞を受賞した故ノーマン・ボーローグ博士の協力を得て発足した。

食料支援は一時的に空腹を満たすことができるが、食料問題を解決するには農業増産こそ欠かせない。SAAでは「魚を与えるより釣り方を教えよ」の考えの下、計14カ国で約6千人の農業普及員を育成し、農業の普及に向け文字通り第一線で活躍している。

国の発展には道路や港湾などインフラの整備はもちろん欠かせない。しかし国の将来を切り開いていくのはやはり人である。われわれの取り組みに限らず、ＪＩＣＡの専門家研修や文部科学省の官費留学、青年海外協力隊など、日本が取り組む人材育成支援はアフリカでも高い評価を得ている。

仕事で世界各国を回るうち、日本の人材育成制度で学んだ経験を持つ大臣や高級官僚に出会う機会が増えた。日本での研修に誇りを持つ彼らの姿を見るにつけ、こうした人材ネットワークが日本外交の大きな力になると実感する。

「最も信頼できる国」のトップ

成長著しい東南アジア諸国連合（ＡＳＥＡＮ）各国のうち7カ国を対象に日本政府が2年前に行った世論調査では、90％の人が「日本政府の経済・技術協力が自国の発展に役立っている」と答え、これらの国に支援実績を持つ11カ国に対する評価でも、日本は「最も信頼できる国」のトップに挙げられている。

ＢＢＣが２００５年から行っている「世界の貢献度調査」でも日本は計3回、肯定的な評価を受ける国のトップに選ばれており、今年9月には青年海外協力隊がアジアのノーベル賞といわれるラモン・マグサイサイ賞をフィリピンの財団から授与された。

国民の強い支持が不可欠だ

少数民族の和解に向け、筆者が日本政府代表を務めるミャンマーでも経済や教育、医療、農業などあらゆる分野の人材育成、技術供与に協力する日本への期待は極めて大きい。

日本は貿易依存国であり、海外から資源や食料を安定的に確保するためにも、途上国との信頼関係は欠かせない。欧米先進国と違い、歴史的にも宗教的にも多くの途上国と中立の立場で付き合える強みもある。

問題はそうした国際貢献を国民がどこまで支えるかにかかる。各種調査によると、肯定的に評価する声は30〜40%台にとどまり、あまりの数字の低さに戸惑いさえ覚える。

かつて知日家の英国人陶芸家バーナード・リーチは「日本にはあらゆるものがあるが、日本がない。今、世界でもっとも反日なのは日本人だ」との言葉を残したと聞く。リーチの死後、30年以上たった現在も、この国は自己否定、自虐思想から抜け出せずにいることになる。

国民の支持なしに外交は成り立たない。日本が引き続き国際社会に貢献していくためには国民の強い支持が不可欠だ。世界はドナルド・トランプ米次期大統領の登場で間違いなく流動性を増す。国民の誇りと自信を背景に日本流の支援を強化・発展させることが、国際社会での日本のプレゼンスを確立する。

日中間の災害防衛交流を進めよ

二〇一八年四月二七日

日中平和友好条約締結40周年に当たる今年、関係改善の兆しが見えてきた。2012年の尖閣諸島国有化以来、厳しい緊張が続いてきた両国関係を「戦略的互恵関係」に戻す好機と考える。

6年ぶりに佐官級事業を再開

東シナ海などでの偶発的衝突を回避するため、日中防衛当局間で進められている「海空連絡メカニズム」の協議も大詰めを迎えている。われわれも尖閣諸島問題で中止した自衛隊と中国人民解放軍の佐官級交流事業を今年、6年ぶりに再開した。

日中関係は先の大戦など、とかく難しい隣国関係の中で推移してきた。近年は尖閣諸島問題以降、冷え切った関係にあり、「戦略的互恵関係」の原点に戻るには、なお時間がかかる。

中国側が日本への挑発を自重するよう求めるが、何よりも誤解が紛争や衝突を生むような事態は避けなければならない。そのためにも佐官級交流の再開を契機として、災害発生時の自衛隊、中国人民解放軍の相互派遣、第三国で大災害が発生した場合の合同救援隊の派遣を、新たに提案する。

人命救助や復興支援を目的とする自衛隊と中国人民解放軍の災害交流は両国民の理解を得やすく、合同救援隊の派遣は「世界あっての日本」「世界あっての中国」として、国際社会の信頼にもつながると考えるからだ。

日本の言論ＮＰＯと中国国際出版集団が２０１７年末に実施した共同世論調査の結果も、そうした流れを裏付けている。

現在の両国関係について、日本人の９割弱、中国人の７割弱は依然、相手国に対する印象を「良くない」と答えている。

その一方で、両国民の約７割が「日中関係」を重要だと考え、日本人の約６割、中国人の約７割は「安定した平和な秩序のため新たな協力関係を構築すべきだ」としている。

再開した佐官級交流事業は、国の防衛の将来を担う中堅幹部の相互理解促進に向けて、笹川平和財団が防衛省や中国中央軍事委員会国際軍事合作弁公室、中国国際戦略学会の協力を得て、２００１年にスタートした。

国際社会の要請にもかなう

今月中旬には人民解放軍佐官団25人が来日し、8日間にわたって、防衛省や陸海空の自衛隊基地や駐屯地を訪問し、交流を重ねた。団長の慈国巍・同国際軍事合作弁公室副主任（少将）は、「友人は付き合えば付き合うほど近くなり、交われば交わるほど親しくなる」と、今後に向けた期待を語った。

災害派遣は2月、筆者が北京の同国際軍事合作弁公室と交流事業再開の詰めの協議をした際、初めて持ち出した。胡昌明主任（少将）もこれに大いに興味を示し、自らも双方の文化交流について提案した。

自衛隊には多くの災害派遣で蓄積した豊富な経験と技術がある。四川大地震（２００８年5月）では、遺体に黙禱《もくとう》する日本救援隊の姿が中国国民の感動を呼んだ。近年、スーパー台風など災害の巨大化が目立ち、合同救援隊の派遣は国際社会の要請にもかなう。

日中関係改善の流れは、民間が一足、先行している。２００７年に94万人と韓国、台湾に次いで3位だった中国人の訪日観光客は、昨年トップの７３５万人になった。日本語学科を持つ中国の大学も２０１５年、５０３大学に上り、62万５０００人の学生が日本語を学ぶ。平和国家、日本の姿を知る中国人は確実に増えている。

相互協力へ前向きな検討を

最先端技術の交流も徐々に拡大している。日中医学協会が日本財団、中国国家衛生・計画生育委員会と進める笹川医学奨学金制度も今年度から、双方の専門家が世界レベルの研究に共同で取り組むコースが新たにスタートした。

同奨学金制度のOB、2250人でつくる進修生同学会は全体で100万人を超す中国医学界の中でも質の高さを誇り、四川大地震の際の支援活動が大きく評価された。災害防衛交流の中でも活躍が期待できる。

グローバル化、情報革命の進行で国際社会は生き残りに向けた駆け引きが激しさを増し、戦後秩序にも陰りがみられる。混迷を深める国際情勢に対応するには、何よりも幅広い選択肢を持つことが必要だ。

その大きな軸に日中関係があり、わが国は日米同盟を堅持しつつ、膨張する中国と真剣に向き合っていく必要がある。

先に閣僚級の日中ハイレベル経済対話が8年ぶりに開かれ、中国の王毅外相が来日した。5月に予定される日中韓首脳会談には李克強首相の初来日が見込まれ、秋には習近平国家主席と安倍晋三首相の会談も予定されている。

日中関係の改善はアジアの安定、ひいては世界の平和にもつながる。その動きを加速させるためにも、両国のハイレベル協議で、自衛隊と人民解放軍の相互交流や災害時の双方の協力による国際貢献のあり方をぜひ、前向きに検討してほしいと思う。

「新日英同盟」を積極外交の柱に

二〇一九年七月四日

日英両国が争ったインパール作戦の地に日本財団の支援で「平和資料館」が完成し、先月22日、開館式に出席。75年後の平和な姿を前に、近年、新たな動きを見せている「新日英同盟」について思いを新たにした。

平和は兵士の犠牲の上に成立

日英両国はユーラシア大陸の両端に位置する海洋国家であり、ともに米国と同盟関係にある。米国の影響力に陰りが見られ、中国、ロシアの攻勢が目立つ中、日英関係がより強化されれば、日米英3国の同盟関係だけでなく、世界平和に対する日本のプレゼンスも高まりアジアの安定にも寄与すると考えるからだ。

平和資料館はインド北東部のマニプール州インパール市の近郊に完成し、開館式には地元や日英両国の関係者が出席。「現在ある平和」が戦場に散った兵士ら多くの犠牲の上に成り立っていることを互いに確認し、駐インド英国高等弁務官のドミニク・アスクイス氏は「今や英日両国は国家レベルでも個人レベルでもパートナーとして協力し合う関係になった」とあいさつした。

インパール作戦は1944年3月に日本軍が開始、4カ月後に中止した。3万人の日本兵が戦死、4万人が戦病死したとされ、勝利した英国も大戦後の独立運動の盛り上がりでインド、ビルマ（現ミャンマー）など植民地を失った。英国の歴史家アーノルド・トインビーは一連の戦争を「日本が200年の長きにわたってアジア、アフリカを支配してきた白人の帝国主義、植民地主義に終止符を打った」と位置付けている。

日英同盟は1902年、ロシア帝国の極東進出に対抗して締結された。以後、日本外交の柱となり、世界の7つの海を支配した大英帝国と対等の同盟を結んだことで日本の国際的地位も高まった。しかし、両国関係の悪化で23年に失効した。維持されていれば、第二次大戦に至るその後の歴史は違った、との指摘もある。

明治・大正期の日本外交基軸

第一次世界大戦中の1917年3月には、同盟に基づく英国の要請を受け、旧日本海軍が地中海の海上交通の要衝マルタ共和国に巡洋艦1隻、駆逐艦8隻を派遣し、ドイツの潜水艦

Uボートによる攻撃から連合国軍の輸送船団を守った。魚雷攻撃で沈没した英国輸送船の乗員ら3000人を救助するなど、「地中海の守り神」とも言われた。

その中で駆逐艦「榊《さかき》」がUボートの攻撃で大破し、艦長以下59人が戦死。マルタの首都バレッタの英連邦軍墓地の一角には戦病死した12人と合わせ計71人の慰霊碑がある。近くの海事博物館には「マルタにおける日本帝国海軍」のコーナーもあり、市内の広場に並ぶ日本海軍兵士の写真などが飾られ、2017年5月、「日マルタ首脳会談」に出席した安倍晋三首相も慰霊に訪れている。

世界の覇権が米国に移る中、英国は1968年、スエズ以東からの英軍撤退を表明した。しかし、欧州連合（EU）からの離脱が決まって以降、インド太平洋地域の安定に積極的に関与していく方針に転換。2017年8月にはテリーザ・メイ首相が訪日、安倍首相と「安全保障協力に関する日英共同宣言」を発表し、日英両国の関係をパートナーの段階から同盟関係に発展させる方針を打ち出した。以後、陸上自衛隊東富士演習場での英陸軍と陸自の共同演習など活発に防衛交流を進めている。

世界の歴史はしばしば、米国や日英両国など海洋国家（シーパワー）とロシアや中国など内陸国家（ランドパワー）の対立の視点で論じられてきた。本格的な分析は専門家の研究に委ねるが、明治から大正にかけた日本外交の基軸は英国であった。新日英同盟ともいえる両国の関係強化は、変化が激しい国際情勢に対応するための選択肢を増やし、日本にとっても英国にとっても利益となる。

安倍首相は大阪で開催された主要20カ国・地域（G20）首脳会議のため来日した中国の習近平国家主席との会談で「日中関係は完全に正常な軌道に戻った」と今後の改善の加速に意欲を示し、習国家主席も「新時代にふさわしい中日関係を構築したい」と語った。

英国で高まる日本の再評価

新しい日英関係は、スエズ以東に当たるインド洋、太平洋など幅広い地域で安全保障だけでなく、地球温暖化や海洋安全、災害対策など幅広い分野での両国の協力に道を開く。結果的に米国の影響力を強化し、日中、日露外交に有効に機能するだけでなく日本がシーパワーとランドパワーの調整役を担う可能性も出てこよう。

英国では近年、「日本は第一次大戦で重要な役割を果たした」といった日本再評価の高まりが見られるという。インパール作戦は日本で長く、「史上最悪の作戦」と語り継がれてきた。その後のインドの独立や今回の新日英同盟の動きを前にすると、「(歴史の）禍福は糾《あざな》える縄の如《ごと》し」の思いを強くする。世界の平和、ひいてはアジアの安定のためにも日英の関係強化を通じ、より積極的な外交が展開されるよう望む。

強靭な対外情報発信態勢確立を

二〇一九年九月五日

韓国の徴用工問題に端を発した日韓対立は、韓国政府が日米韓安全保障の要である日韓軍事情報包括保護協定（GSOMIA《ジーソミア》）を破棄する事態にまで発展した。出口が見えない現状を前に、越え難い両国の文化の壁を痛感する。

歪な日韓関係に文化の壁

「言葉多きは品少なし」「多言は一黙にしかず」といった言葉があるように、日本人は「和」を尊び議論を好まない傾向がある。海に囲まれた島国として共通の価値観を持ち、主張しなくても理解し合える平和な環境が育てた文化であろう。

一方の韓国人は仮に非があっても明らかな証拠でもない限り自らの正当性を強硬に主張する。長い歴史の中で、絶えず隣国から強い圧力を受けてきたこの国が「生存するための知恵」だと多くの人が指摘する。

筆者は、この違いこそ、歪《いびつ》な戦後の日韓関係をつくってきた一番の原因と考える。歴史問題で韓国は〝告げ口外交〟とも形容される強引な日本批判を展開してきた。対する日本はその執拗《しつよう》さに辟易《へきえき》し、必要な反論をしてこなかったきらいがある。

例えば、韓国元徴用工の請求を認め日本企業に損害賠償を命じた昨年10月の韓国大法院（最高裁）判決。日韓両国間の請求権問題は1965年の日韓請求権協定で「完全かつ最終的に解決された」とされ、日本はこれを受け有償2億ドル、無償3億ドルを支援。韓国はこの経済協力支援を基に「漢江の奇跡」と呼ばれる経済成長を実現した。

3億ドルの無償支援に、元徴用工に対する補償も含まれる、と解釈され、韓国政府も「解決済み」の姿勢をとってきた。それ故、日本では元徴用工への補償は韓国の内政問題と理解されてきた。

国と国で交わした約束を否定

しかし、大法院は元徴用工への補償は協定の対象外と判断、個人の慰謝料請求権に道を開いた。国と国の間で交わした約束（協定）を否定するばかりか、今後の多くの訴訟提起に道を開き、戦後処理問題を振り出しに戻しかねない。日本政府は国際法違反を理由に対応を求めているが、文在寅政権に表立った動きは見られない。

文政権は、朴槿恵政権時代の2015年、「最終的かつ不可逆的な解決」をうたった両国外相会談の確認に基づき、日本政府が10億円を拠出した「和解・癒やし財団」に関しても昨年11月、一方的に解散すると発表した。国家間の確認が政権交代を理由に、いとも簡単に反故《ほご》にされた形で、これでは国と国の交渉は成り立たない。

日本が打ち出したフッ化水素など3品目の輸出管理厳格化と、輸出手続きを簡略化できる輸出優遇国「Aグループ（旧ホワイト国）」からの韓国外しに対する韓国政府の反応も異常である。文大統領は「徴用工判決に対する報復」と決め付けた上で、「過去の過ちを認めず、反省もせず歴史を歪曲《わいきょく》している」などと日本を批判、国民に反日を呼び掛けている。双方とも輸出手続きの運用上の見直しであり、本来、歴史問題や安全保障とは関係ない。韓国政府の管理や対応のどこに問題があったのか、今後、明らかになると思うが、いずれにしても歴史問題が生み出す異常なまでの「反日」意識が、その後のGSOMIA破棄につながっているのは間違いない。

文政権の性格を見れば、徴用工問題で韓国の歩み寄りを期待するのは難しい。徴用工問題は慰安婦、竹島問題などと並び、国民の不満を外に向け、政府批判をかわす歴史問題の要だからだ。伝えられるようにGSOMIA破棄の背後に、側近のスキャンダルによる政権危機回避の思惑があるとすれば、なおさらである。

外交は厳しい言葉の戦争だ

ＧＳＯＭＩＡ破棄後の会見で、韓国の国家安保室は「ホワイトハウスと協議してきた」と語った。一般的には「同意があった」と受け取れる発言だが、実際はポンペオ米国務長官らが相次いで不満と失望を表明、そうしたニュアンスを否定した。

最近、「日本は韓国を見て、韓国は世界を見て外交をしている」といった、ありがたくない評価を聞くことがある。確かにわが国には、「正しいことをしていれば理解される」といった甘い期待感も見受けられる。しかし、沈黙を美徳とする価値観は国内で通用してもグローバル化が進む国際社会では非常識でしかない。

各種世論調査を見ると、日韓関係を「悪い」と見る人は両国とも急増しているが、一方で日韓関係を重要と見る人も高い数字を占め、文政権に対する韓国世論も賛否に二分されているようだ。内外に向かって、すべき主張を堂々と展開することが日本理解を進め、次代を担う若者を中心に、新しい両国関係の道を開く。

外交は厳しい言葉の戦争である。政府も久しく情報発信の強化を表明してきた。日韓対立の行方を世界が注目している。国際社会でのプレゼンスを強化するためにも、強靱《きょうじん》な情報発信態勢を今こそ確立するときである。

2期目の最大課題は民族の和解

二〇二〇年一一月二七日

総選挙でスー・チー与党が大勝

アウン・サン・スー・チー国家顧問が率いる国民民主連盟（ＮＬＤ）が約半世紀続いた軍事政権に代わって政権に就いて約5年、その信を問うミャンマー総選挙が11月8日に実施され、ＮＬＤが上、下院計４７６の改選議席の８割を超す３９６議席を獲得し大勝した。

スー・チー政権の2期目の最重要課題が少数民族との和解による統一ミャンマーの実現であるのは言うまでもない。筆者は２０１３年2月にミャンマー国民和解担当日本政府代表を拝命して以来、１３０回近く現地を訪れ政府や国軍、少数民族武装勢力の幹部らと接触・交渉を重ねてきた。本稿ではその経験を基に、複雑なミャンマー情勢と課題を中心に報告させていただく。

今回の選挙で筆者はまず、日本政府の監視団団長としてコロナ禍でロックダウン中の最大都市、ヤンゴンで総選挙を視察、いったん帰国後、25日からは国民和解担当日本政府代表として再度、訪問している。選挙は当初、新型コロナウイルスの感染拡大で投票率の低下が心配されたが、投票所拡大や高齢者の期日前投票の導入で70％を超え、大きな混乱もなくおおむね順調に行われたと感じている。

問題を残す一部で投票見送り

ただし、問題もあった。バングラデシュと国境を接するラカイン州やシャン州の一部で、「治安」を理由に投票が見送られたからだ。年内に投票が行われないと5年後の次回総選挙まで議席が空席となり、国際的な人権NGOなどから「欠陥選挙」の指摘も出た。特にラカイン州は15～18世紀にこの地に栄えたアラカン帝国の血を引くアラカン族が人口の多くを占め、前回総選挙で地元のアラカン民族党（ANP）が上、下院合わせ全29議席のうち22議席を獲得、計5議席のNLDを圧倒した。

しかし、今回は同州北部地域の計16選挙区の投票が見送られたことから、上、下院合わせ8議席にとどまった。これに対し武装組織アラカン・アーミー（AA）は投票の早期実施に向け、「戦闘を当面、中断する」旨の声明を出した。国軍も歓迎の意向を表明しており、今後、NLD政権、とりわけスー・チー国家顧問の対応が注目される事態となっている。

ラカイン州の選挙の行方がこれだけ注目されるのは、AAが中国と国境を接するカチン、シャン両州のカチン独立機構（ＫＩＯ）など3組織と「北部同盟」を形成、ともに国軍と交戦状態にあり、事態への対応を誤ると、今後の和平構築プロセス全体に悪影響が出かねないからだ。この州にはイスラム系少数民族、ロヒンギャの難民問題もある。

加えて中国も雲南省とインド洋を結ぶ線上に位置するこの地域にかねて強い関心を示し、ＡＡが使用する武器も中国製といわれている。２０１３年には雲南省・瑞麗とインド洋に面したラカイン州の港町チャオピューを結ぶガス・パイプラインも完成している。

今後の投票の扱いは州の将来だけでなく、統一ミャンマーの実現、国際社会との関係にもかかわる重大な要素を含んでいる。国民和解担当日本政府代表の立場からも投票の早期実施に向け最大限の努力が必要と考えている。

人口５３００万人、１００を超す少数民族が住むこの国では日本政府代表に就任当時、少数民族武装勢力20組織が国軍と内戦状態にあった。うちカレン民族同盟（ＫＮＵ）など８組織がＮＬＤ政権誕生直前に、さらに２０１８年2月に新モン州党（ＮＭＳＰ）など2組織が停戦に合意している。

スー・チー国家顧問も5年後には80歳を迎える。統一ミャンマーの実現は「ビルマ建国の父」とされる亡父、アウン・サン将軍の夢であった。投票直後、スー・チー氏の求めで首都ネピドーの自宅を訪れると、引き続き日本政府の協力を要請された。

思いは筆者と同じと確信する。国防、治安、国境問題をコントロール下に置く軍との協力も必要になろう。残る武装組織との早期の停戦合意は、75年にわたり紛争・内戦が続いてきたこの国の発展に何よりも欠かせない要件である。

「インド太平洋構想」要衝の地

停戦が成立した地域で日本財団は、日本政府の資金を活用して紛争被害者や帰還民に対する食糧支援のほか住宅や学校、診療所、橋などのインフラ整備が進められている。住民に「平和の果実」を実感してもらい和平を加速させるのが狙いだ。

原理主義的な欧米流の対応より、きめ細かい日本流の取り組みこそ、平和の構築につながると確信している。

ミャンマーは世界でも有数の親日国。日本に対する期待も大きい。同時にこの国は日本政府が目指す「自由で開かれたインド太平洋構想」の要衝の地に位置している。日本は現在、最大の支援国であり、引き続き和平の実現に積極的に協力していく方針に変わりはない。筆者も老骨にむち打ち日本政府代表の職責を最後まで全うする覚悟でいる。

正念場を迎える日本の国連外交

二〇二一年一月八日

２０２０年、創立75年を迎えた国際連合をめぐるニュースのうち気になった一つに米国の民間調査機関ピュー・リサーチ・センターが行った国連に対する好感度調査がある。昨年６～８月に先進14カ国を対象に行われ、13カ国が59～80％の高い好感度を示す中、日本は29％と突出して低く、国際協調に対する支持率も最下位だった。

前年調査に比べ18ポイントの減少。パンデミック（世界的大流行）となった新型コロナウイルスに対する世界保健機関（ＷＨＯ）の初動対応のまずさが大きく影響したと想像するが、わが国は１９５６年の加盟後、国連中心主義を外交３原則の一つに掲げ、国連に対する好感度もかつては60％を超えていた。なぜ、これほど落ち込んだのか、不思議な気さえする。

顔が見えない日本の資金負担

筆者は国連との協力が国益につながると信じて長年、活動してきた。世界のハンセン病の制圧、危機にひんする海の再生に向けた取り組みなど、どれをとってもＷＨＯや国際海事機関（ＩＭＯ）など国連との密接な協力なしに進まない。

好感度が低迷する原因の一つとして、わが国が国連に負担する巨額の資金がどこで、どのように活用されているのか、国民に実感できない点があろう。世界には主要な国際機関だけで１００近くあり、わが国は分担金や任意の拠出金、出資金など２０１７年度で約４８００億円を負担している。

うち分担金は国連通常分担金と国連平和維持活動（ＰＫＯ）分担金の2種類があり、日本は２０１９年から3位になったとはいえ全体の８・56％、２０２０年は双方合わせ最終的に約８３０億円が拠出される。全加盟国に課せられる義務的拠出金で、３年に1度、各国の国民総所得（ＧＮＩ）に応じて国連総会で分担率が決まる。額の多寡が国会で審議されることは少なく、国民に見えにくいのは、ある程度やむを得ない面がある。

常任理事国よりトップ人事

しかし、任意の拠出金や出資金などに関しては、どの国のどんな事業に提供され、どのような成果があったのか、日本の貢献が実感できるよう一層の工夫が必要ではないか。資金協力の実態、顔が見えない現状では国民の理解は進まない。

わが国は長く国連安全保障理事会の常任理事国入りを目指し、国連60周年に当たる2005年にはドイツ、インド、ブラジルとともにG4改革案を提出したが不発に終わった。率直に言って、常任理事国入りは今後も難しい。米国、中国など5常任理事国が拒否権を含めた既得権を手放すことは考えにくいからだ。

国連各機関の幹部ポスト獲得に力点を移すのが現実的な対応と考える。日本人スタッフが然《しか》るべきポストで活躍すれば国連に対する親近感も上がる。残念ながら15の専門機関でみると、現在は4機関のトップを中国出身者が占め、この10年間で日本人がトップを務めたのはIMOの事務局長ら2人にすぎない。最近の世界貿易機関（WTO）事務局長選でも「適任者がいない」との理由で候補者擁立が見送られた。

背景には当選第一主義がある。結果にこだわりすぎると、育つべき人材も育たない。政官財界から幅広く人材を求め、育成すべきである。アントニオ・グテレス事務総長は1995年から7年間、ポルトガル首相を務めた。わが国も閣僚経験者を国連に送り込むぐらいの気概があっていい。

信頼できるが力強さを欠く

わが国は財政面だけでなく、平和構築、人権、環境、開発など幅広い分野で長く国際社会に貢献してきた。国連の枢要なポストを目指す資格は十分ある。その意味で、シンガポール国立大学東アジア研究所が2019年、日本、中国、米国、インドなど8カ国について行った調査結果が興味深い。

東南アジア諸国連合（ASEAN）10カ国の識者に「どの国が信頼できるか」聞いたところ、日本を肯定的に評価する声は61・2%と1位を占めた。米中対立の中で「連携すべき信頼できる戦略的パートナー」「自由貿易のリーダーシップをとる国」でも1位の評価を受けている。戦後の平和外交の成果として誇りにしていい。

しかし、「政治、戦略面で影響力がある国」では、中国が圧倒的なトップ。日本に対する支持は1・8%にとどまった。日本を「信頼できない」とした21・3%の約半数も、その理由を「日本はグローバルリーダーシップをとる能力あるいは意思がない」を指摘した。

日本に高い信頼を置く一方で、いざというときの力強さ、頼りがいに疑問符が付けられた形だ。グローバル化で大きく変わりつつある世界はコロナ禍でさらに大きく変わる。その中で国連の在り方も役割も当然変わる。わが国が新たな国連外交をどう構築していくか、正念場を迎えている。

露侵攻契機に難民政策見直しを

二〇二二年四月二五日

ロシアの武力侵攻を受け国外に逃れるウクライナ避難民に政府が手厚い支援姿勢を打ち出している。日本に身元を保証する家族や知人がいない場合でも入国を認める方針で、ロシアの無差別攻撃に抗議する国際社会と連帯する意味でも意義ある対応と評価する。

ただし、ウクライナ避難民対策を手厚くすればするほど、国際社会から「消極的」と非難されてきた、わが国の難民政策とのギャップが際立つのは避けられない。これを機に〝難民政策〟の抜本的見直しを図るよう提案したい。

避難民は難民に当たらない

頻繁に登場する「難民条約」（難民の地位に関する条約）は、第二次世界大戦後、ヨーロッパで大量に発生した難民を救うため1951年に国際連合で採択された。当初は地域的性格が強かったが、16年後、「難民の地位に関する議定書」が採択され世界に広がった。

わが国は1975年のベトナム戦争終結後、ベトナム、カンボジア、ラオス3国で政変に伴って大量に発生したインドシナ難民を受け入れる一方、1981年に難民条約に加入、翌年から難民認定制度を導入した。条約による難民の定義は「人種、宗教、国籍、特定の社会的集団の構成員、政治的意見を理由に迫害を受ける恐れがある人」。自国政府による迫害の恐れの有無が要点で、ロシアの侵攻から逃れてきたウクライナ避難民は難民に当たらない。

避難民20人が政府専用機で来日した4月5日の記者会見で、松野博一官房長官が「ウクライナの危機的状況を踏まえた緊急措置」と、あくまで難民認定制度の枠外の特例措置であることを強調したのも、こうした事情を受けてのことだ。条約が成り立った経緯もあって、現在も国によって解釈に幅があり、中でも日本は出入国在留管理庁が厳格な審査を行ってきた。

制度を導入してから令和元（2019）年まで37年間に出された難民申請数は8万1543人、うち難民認定されたのは1％弱の794人。翌2年の認定数もドイツの6万3456人、カナダの1万9596人に比べ日本は47人と極端に少なく、国際社会から「経済規模に見合っていない」など厳しい批判を受けてきた。

背景には、文化、宗教の違いのほか治安の悪化を懸念する社会の雰囲気もあった。厳しい政策の結果、難民受け入れに不可欠な就労や教育、医療などを支援する社会的受け皿の整備が遅れ、直ちに門戸を広げるのは物理的に難しい事情もあった。

「準難民」の新たな法的枠組み

こうした点を受け、政府は夏の参院選後の臨時国会に出入国管理・難民認定法の改正案を提出し、「準難民」の新たな法的保護の枠組みの創設を目指す方針と聞く。岸田文雄首相も13日の参院本会議で「難民条約上の理由以外により迫害を受ける恐れのある方を適切に保護するため、法務省で難民に準じて保護する仕組みの検討を進めている」と説明している。

新たな枠組みは、柔軟な対応に道を開くほか、多くの自治体や企業がウクライナ避難民支援に名乗りを上げ、世論が盛り上がりを見せる中、わが国の難民対策を前に進める力ともなろう。

日本財団もそうした流れを後押ししたいと考える。既に在日ウクライナ人スタッフも加えてウクライナ避難民支援室（仮称）をスタートさせ、避難民の日本への渡航費や生活、教育、就業などを幅広く支援する予定だ。当面、約１０００人、50億円規模の支援を想定しているが、ウクライナ情勢の進行を見ながら柔軟に対応したいと考えている。

国連難民高等弁務官事務所（ＵＮＨＣＲ）によると、５１０万人に上るウクライナの女性や子供、高齢者がポーランドなど周辺諸国に避難したほか、約７１０万人が国内で避難生活を送っている。家族や知人を頼り来日したウクライナ人も６６０人を超えている。

国際連合憲章の2条4項は「加盟国は武力による威嚇または武力の行使を慎まなければならない」と規定している。常任理事国であるロシアの唐突なウクライナ侵攻を見るまでもなく、世界はいつ、何があってもおかしくない緊張状態にある。今後、ウクライナ以外でも、さまざまな形で紛争が起き、国を逃れざるを得ない人が出てくる可能性も否定できない。

人道主義が日本外交の柱

難民問題には相手国との関係など難しい問題が付きまとう。しかし、わが国がこれまでと同様、消極的な姿勢で対処していくのは、それ以上に難しい気がする。ウクライナ避難民問題で国内世論がかつてない盛り上がりを見せる今こそ、対応を抜本的に見直すべき好機と考える。世論を追い風に、制度面を含め受け皿を大幅に強化するのも一考である。

日本は戦後平和外交の柱の一つに人道主義を掲げてきた。人道に配慮した取り組みの強化こそ、国際社会の中での存在感を増す。同時に急速な少子化が進む中、優秀な外国人材が日本の魅力を認識する機会にもつながる。

「第2の開国」に向け制度設計を

二〇二二年六月三〇日

少ない異文化交流と国際感覚

海に囲まれた日本は、陸続きで厳しい興亡の歴史を持つ大陸の国々などに比べ異文化交流の経験が少なく、国際感覚が希薄な面がある。激動期を迎えた世界と向き合う上で弱点になりかねない。

国の強靱《きょうじん》化に向け、外国人材を広く受け入れる制度やシステムを整備する必要がある。政府がロシアのウクライナ侵攻に伴う避難民支援に積極姿勢を打ち出し、多くの大学が避難学生の受け入れに名乗りを上げる今こそ、世論を追い風に新たな取り組みを強化する好機と考える。

パンデミック（世界的大流行）となった新型コロナウイルス禍や唐突なロシアのウクライナ侵攻、深刻化する米中対立を見るまでもなく、深刻な影響が瞬く間に世界に広がり、日本にも押し寄せている。グローバル化の進行で、こうした動きはさらに加速する。

国際社会の動きや危機に対する反応は、歴史的にも欧州連合（ＥＵ）諸国やロシアの方が敏感である。移民対策も然《しか》り。ドイツやフランスは言葉や法律、文化面などで周到な支援プログラムを用意して社会への定着を図るとともに、移民を国づくりの新たな戦力に組み込んでいる。

移民国家では、その傾向がさらに徹底している。総人口約3800万人のうち22％を移民が占めるカナダでは、語学や収入面などで移民を受け入れる条件を設け、2021～2023年の3年間にさらに120万人の移民を受け入れる。

カナダの合計特殊出生率（1人の女性が一生の間に産む子供の数）は2019年1・47。同年の日本の1・36より高いが、日本以上に将来の労働力確保を強く意識しているのが特徴だ。

当の日本は、1993年に国内に在留する外国人が報酬を得て研修や実習を行う技能実習制度、さらに2024年の入管法（出入国管理及び難民認定法）改正では新たな在留資格として「特定技能」を設け、介護や農業など14分野での外国人就労を可能にした。

後継者が少ない業種の働き手確保を多分に意識した対策で、在留期限の上限も5年に設定されている。季節労働や短期労働が多く、解雇をめぐるトラブルも目立つ。「外国人労働者が増えると犯罪が増える」といった誤解もあり、関係者が反日感情を持って帰国する残念な現実もある。

出入国在留管理庁によると、日本には2018年末現在、276万人の外国人が住み、今後も確実に増えると予測されている。少子高齢化の進行で、日本社会は縮小傾向に転じた。

多彩な外国人材が安心して働き生活できる制度を構築することが、結局は日本の将来を安定させる力になる。

「支援は日本の将来への投資」

ウクライナ関係では、ロシアの暴挙を批判し、ウクライナを支援する日本の世論がかつてない盛り上がりを見せている。「日本学生支援機構」（JASSO）のホームページには、授業料免除や学生寮提供など避難学生の支援を計画、あるいは既に実施中の国公私立大の名が40近くも並び、早稲田、慶応両大学など15大学と連携して支援に乗り出す民間団体の動きも報じられている。

日本財団でも避難者に対する渡航費や生活費の支給、ポーランドなど隣国に逃れた障害者支援に向けた学生ボランティア約100人の派遣など50億円規模の支援策を決め、既に1000人を超す避難民から支援申請が寄せられている。米国、ウクライナ両駐日大使の要請を受けウクライナ避難民支援基金も立ち上げた。

発表会見でセルギー・コルスンスキー駐日ウクライナ大使は、ウクライナ避難民が日本語や日本文化を理解し、将来、両国の橋渡し役を務め、日本に永住して日本社会に貢献することもできるとし、「支援は日本にとっても将来への投資になる」と協力を訴えた。

政府は10年以上前の平成20（2008）年7月に外国人学生の日本の大学への入学と卒業後の社会の受け入れ態勢を整備して日本社会のグローバル化を促進する「留学生30万人計画」を打ち出し、達成目標を令和2年に設定した。コロナ禍で昨年5月には24万人に落ち込んだものの、平成30年度には31万人と早々に目標を達成し、日本に対する外国の若者の関心の高さをうかがわせた。

留学生との交流が拡大すれば、平成30年の約11万5000人をピークに低迷する日本人学生の海外留学の増加も期待できよう。

激しさを増す人材獲得競争

日本は幕末のペリーの来航（嘉永6年・1853年）に伴う開国―明治維新を通じて、欧米の文化や技術を取り入れて近代化を実現してきた。1世紀半以上を経て、社会はスピードと行動力が一層、求められる時代となった。文化、技術力だけでなく、「人」の力も含めた総合力が、その決め手となる。

そのためにも国境を超えた有為な人材の活用が欠かせない。少子化が進むにつれ、各国による優秀な人材の獲得競争も激しさを増している。「第2の開国」に向けた取り組みの強化こそ急務である。

「国葬儀」を積極的な外交の場に

二〇二二年八月二三日

安倍晋三元首相が参院選の街頭演説中に凶弾に倒れてから1カ月余が経過した。突然の死に約260の国や地域・国際機関から哀悼の言葉が寄せられており、9月27日に東京の日本武道館で行われる国葬（国葬儀）には各国の首脳が多数参列する。

外交力の強化が喫緊の課題

ロシアのウクライナ侵攻や米中対立の深刻化など世界で緊張感が高まる中、外交力の強化はどの国にとっても急務。とりわけ経済から防衛、食料・資源確保まで安全保障環境が厳しさを増す日本にとっては喫緊の課題である。

一方で、わが国は来年1月から2年間、国連安全保障理事会の非常任理事国を務める。安保理の機能不全が指摘される中、非常任理事国としての任務を全うし国際社会に貢献するには、あらゆる機会をとらえ、外交チャンネルを拡大する必要がある。そうした努力が、国の公式行事として行われる国葬に対する国民の理解を高める結果にもなる。

首相経験者の国葬は昭和42（1967）年の吉田茂元首相以来、戦後2例目。国交がある195の国と4つの地域・国際機関に伝達され、外務省に設置された国葬儀準備事務局や警察庁の警備対策推進室が世界各国から参列する要人の接遇や警護の準備を急いでいる。

安倍元首相は第1次政権を合わせ憲政史上最長の8年8カ月、首相を務め、この間、88カ国を訪問した。法の支配に基づく「自由で開かれたインド太平洋」構想を提唱するなど国際政治で主要なプレーヤーとして高い評価を受けた。

民主主義を共有する日米豪印4カ国の協力枠組み「クアッド」の立ち上げにも尽力し、インドのモディ首相は「わが友、安倍さん」と題する長文の手記を公開。ブラジルとともに国として喪に服した。

さらに緊張度を増す国際情勢

弔問団の派遣を表明している国も多く、国葬は多数の要人が参列し、さまざまな話し合いや交流を行う弔問外交の場にもなる。時に敵対あるいは対立する国の首脳が顔を合わせ、通常外交では難しい話し合いが行われるケースもあり、今回はウクライナ侵攻の当事者であり、安倍元首相と27回にわたり、会談したロシアのプーチン大統領の動向に注目した。

7月25日に大統領報道官が「国葬出席のため大統領が訪日する予定はない」と言明し、プーチン氏が弔問に訪れる可能性は早々に消えたが、筆者としては、仮に参列の意向があるのであれば、柔軟かつ大胆な対応が検討されていいと考えていた。

2007年4月に死去したロシア連邦初代大統領エリツィン氏の葬儀では、クリントン元米大統領やメージャー元英首相ら各国の要人が多数参列し、活発な弔問外交が展開された。わが国は駐露日本大使の参列に留《とど》め、表向き「葬儀に間に合う商用便がなかった」とされたが、貴重な外交機会を逸する形となった。15年を経た現在は、国際情勢がさらに緊張度を増している。

パンデミック（世界的大流行）となった新型コロナウイルス禍を見るまでもなく、グローバル化の進行であらゆる事象は瞬く間に世界に拡大する。

ロシアの侵攻でウクライナ産小麦の輸出が止まり、ロシア産天然ガスの供給が制限された結果、世界の食料や燃料価格が大幅に高騰した。

この夏も世界各地で異常高温や豪雨災害、大規模山林火災が続発し、人類にとって喫緊の課題である温暖化防止の取り組みにも深刻な影響が広がっている。天然ガスの不足と価格高騰が、二酸化炭素（CO_2）など温室効果ガスをより多く発生する石炭、石油など化石燃料の使用を増やす皮肉な結果を招いている。

ロシア、中国、北朝鮮の核保有国に囲まれたわが国の安全保障環境は厳しさを増している。中国の海警局船による沖縄県石垣市の尖閣諸島に対する領海侵入が頻度を増し、先のナンシー・ペロシ米下院議長の台湾訪問に反発する中国の大規模軍事演習で台湾海峡を巡る緊張感が一挙に高まっている。

60%以上を輸入に頼る食料の安定確保やコロナ禍で脆弱《ぜいじゃく》さが露呈したサプライチェーンの強靱《きょうじん》化など食料、経済安全保障の課題も山積している。こうした流れの中で安倍元首相は、「地球儀を俯瞰《ふかん》する外交」を掲げ、とかくひ弱さが指摘される日本外交の強化を目指してきた。

安倍レガシーを弔問外交に

世界は今、法の支配を基礎とする民主主義国家と権力が特定の個人や少数者の手に集中する専制国家に二分され、双方の対立は一段と厳しさを増しつつある。波乱含みの国際社会の中で国の将来を少しでも安定させるためにも、わが国は引き続き外交力の強化を図る必要がある。

外交面を中心にした安倍元首相のレガシー（政治的遺産）は国葬の弔問外交でも広く生かされると確信する。それが非業の最期を遂げた安倍元首相の遺志に沿うことにもなる。

中国と本音交わすチャンネルを

二〇二二年一〇月二八日

「強国」路線一段と鮮明に

9月に日中国交正常化50周年を迎え、今月、開かれた中国共産党大会では習近平総書記（国家主席）の異例の3期目続投が決まった。習国家主席は台湾統一について「武力統一を放棄しない」とするなど「強国」路線を一段と鮮明にしている。

国と国の関係はいつの時代も難しく、まして政治体制が異なる日中両国が相手国の事情や真意を知るのは容易ではない。情報不足や行き違いによる無用な摩擦、衝突を避けるためにも、正規の外交ルートとは別に大所高所から忌憚《きたん》なく情報を交換し、相手国の国内事情や本音を知るチャンネルが不可欠と考える。

やや古い話になるが、日中両国は1962年、中国側代表・廖承志氏と日本の民間代表・高碕達之助氏が覚書を交わし、国交がない中で長期総合貿易を開始した。半官半民で相互貿易を進める異例の形がとられ、両氏の頭文字を取ってLT貿易と名付けられた。

腹蔵なく意見を述べ、実現にこぎつけた高碕氏を評して、時の周恩来首相は「このような人物は二度と現れまい」と語ったという。しかし、筆者に言わせれば、困難の中でこのような役割を果たせる人材はどの時代にも存在する。

半世紀前の中国のGDP（国内総生産）は日本の約4分の1程度だった。今や日本の3倍、経済・軍事大国として米国と覇権を争う存在となり、南シナ海や東シナ海で力による現状変更を進めている。日中関係も輸出入の増加など経済的相互依存関係が深まる一方で、安全保障面では尖閣諸島や台湾海峡を巡る危機もあり一段と緊張感が高まっている。

90％が中国に「良くない」印象

日本の民間非営利団体「言論NPO」と中国国際出版集団が昨年秋に実施した共同世論調査によると、中国に「良くない」印象を持つ日本人は90・9％、日本に「良くない」印象を持つ中国人は66・1％と、2年連続で増加した。内閣府が昨年秋、国交正常化50年を前に行った調査でも、日中関係を「良好だと思わない」が85・2％と「良好だと思う」（14・5％）の6倍近くに上っている。

日本は1979年から約40年間に総額3兆6000億円に上る対中ODA（政府開発援助）を行い、インフラ整備から内陸部の貧困解消、環境対策まで中国の近代化に大きな貢献をした。日本財団も「民」の立場で、医学留学生の受け入れなど人材育成から人民解放軍と自衛隊の佐官級交流まで多彩な事業を手掛けてきた。

筆者自身も1989年6月の天安門事件で先進7カ国（G7）が経済制裁を打ち出す中、翌年6月に人民大会堂で楊尚昆主席（当時）から、「このままでは中国経済は駄目になる」と経済制裁打開に向けた協力を求められ、帰国後、竹下登元首相（同）にその旨を伝えると、「中国が混乱するのは困るわなぁ」と返事された。

1カ月後の1990年7月に米国・ヒューストンで行われたG7サミットで海部俊樹首相（同）が「中国の発展が世界の平和に役立つ」と各国を説得、わが国はいち早く凍結解除に踏み切り、1990年11月、対中円借款を再開した。

日中関係について中国からしばしば発せられた「一衣帯水」「井戸を掘った人を忘れない」との言葉は今や死語になった感があるが、日本の対応が中国の経済発展の大きな弾みになったといえるのではないだろうか。

こうした歴史の流れを踏まえると、各調査で判明した数字は残念であり、冷え切った日中関係の現状にはじくじたる思いがある。歴史は栄枯盛衰を繰り返す。現状は中国が発展期、日本が衰退期にあるということかもしれない。

現にわが国は課題先進国と呼ばれるほど多くの困難に直面しており、いずれ中国が日本から学ぶ点は多いはずである。そうでなくとも日本と中国の間には、急速に進む少子高齢化や温暖化に伴って激甚化する干魃《かんばつ》、豪雨災害にどう取り組むかなど、互いが知恵や経験を交換して協力する分野はいくらでもある。

日中交流の中では中国側から日本に対して、しばしば「歴史を鑑《かがみ》とせよ」との言葉が発せられてきた。先の大戦に対する反省を求めるのが狙いであろう。

しかし、近現代史に限らず2000年の長い目で両国の歴史を見れば、世界でも珍しい〝穏やかな関係〟であった。この考えに立ち、中国側に何度か「2000年の歴史を鑑とする」に改めるよう求めてきた。

困難な場合の非公式ルート

ロシアのウクライナ侵攻を見るまでもなく、世界は激動と対立の時代を迎えている。2019年12月に安倍晋三元首相が北京で習国家主席と会って以来、3年近くも開かれていない日中首脳会談の早期開催や積極的な政府間交渉が必要なのは言うまでもない。

その上で困難に直面した場合の非公式ルートとして、双方の事情や本音を交換できる〝賢者のチャンネル〟を設けておくことが長い歴史から学ぶ知恵でもある。

レアアースを外交力強化の柱に

二〇二三年二月一六日

日本最東端の小笠原諸島・南鳥島近海にレアアース（希土類）を豊富に含む「レアアース泥」が大量に堆積していることが明らかになって10年。レアアースは電気自動車やスマートフォンなどさまざまなハイテク商品に使用され、国際社会の需要が一層高まる中、最大の生産国・中国が輸出管理を強める姿勢を見せている。

「資源貧国」から脱する可能性

そんな中で採鉱事業が軌道に乗れば、わが国は〝資源貧国〟から脱し、戦後長く取り組みの弱さが指摘されてきた外交力を強化し、安全保障を強靱《きょうじん》化する道にもつながる。

レアアース泥は南鳥島の排他的経済水域（ＥＥＺ）内だけでなく、その周辺の公海にも分布し、近接海域での海底調査など中国の活発な動きも伝えられている。政府には機を逸することなく、早期の実用化に向けた取り組みを一段と強化されるよう望みたい。

レアアースは地球上にわずかしか存在しないレアメタルの一種。中国が圧倒的な生産国で、沖縄県・尖閣諸島沖で日本の巡視船と中国漁船の衝突事件が起きた2020（平成22）年当時は世界の生産量の97％を占めた。中国が漁船船長の即時釈放を強要して日本への輸出を事実上ストップし、日本経済が大混乱に陥ったのは記憶に新しい。

その後、各国も対応を強化。米地質調査所（USGS）の推計によると、2018（平成30）年の世界の生産量は17万トン。中国が全体の約7割（12万トン）を占め、以下オーストラリアの2万トン、米国の1万5000トンが続いた。世界の推定埋蔵量は1億2000万トン。こちらもトップは中国で4400万トン、ブラジル、ベトナムが各2200万トンなどとなっている。

日本はほぼ全量を輸入に頼り、うち6割を占める中国への依存をどう脱却するか、経済安全保障上も喫緊のテーマとなっている。中国との対立を深める米国も、USGSによる埋蔵量の推計が140万トンにとどまることもあって、バイデン米大統領は2021年の就任直後、半導体など3品目と併せレアアースのサプライチェーンを強化する方針を打ち出している。

数百年分の量が海底に眠る

そんな中、平成24年から翌年にかけ南鳥島の近海やEEZの約6000メートルの海底に、レアアースを豊富に含む「泥」が大量に堆積していることが東京大学や海洋研究開発機構（ＪＡＭＳＴＥＣ）などの調査で明らかになった。

英科学誌「ネイチャー・ジオサイエンス」に発表された論文などによると、発見されたレアアース泥は中国の陸上レアアースに比べ、20～30倍の濃度を持ち、埋蔵量は日本のレアアースの年間使用量（約１・４万トン）の数百年分に上ると推計されている。

ＪＡＭＳＴＥＣによると６０００メートルの深海から堆積物を大量に海上に引き上げる技術はこれまで世界になく、仮に成功してもコストをどう抑えるか難問もある。

そんな中で昨年秋、ＪＡＭＳＴＥＣの地球深部探査船「ちきゅう」が茨城県沖の２４７０メートルの深海に「揚泥管」を伸ばし、１日70トンの泥の吸い上げに成功した。

揚泥管の長さをさらに３０００メートル余伸ばせば、南鳥島での採鉱が可能になる段階まで来ている。ただし、試掘が始まるのは来年とも5年以内とも報じられ、早期の実用化には一層積極的で迅速な対応が求められる。

5月に日本が議長国を務める先進7カ国首脳会議（Ｇ７サミット）が広島で開催され、ウクライナ戦争や懸念されるロシアの核兵器使用への対策が主要テーマとなる。

同時に温暖化に伴う海面上昇や酸性化、マイクロプラスチック汚染、漁業資源枯渇などの課題が山積する「海洋」もテーマになろう。サミットを主導する海洋国家日本の責任でもある。レアアースは直接のテーマになりにくいが、海洋の適正利用に関わる問題だ。

輸出国に転ずれば存在感増す

政府は将来に高い可能性を持つレアアース泥の開発を、府省庁の壁を越えて科学技術のイノベーションを目指す国家プロジェクト（ＳＩＰ）の一つに選定し、令和４年度の第２次補正予算にも関連予算60億円を盛り込んでいる。

同時に昨年12月に閣議決定した新たな国家安全保障戦略で「総合的な国力の主な要素」として防衛力、経済力など５項目を挙げ、トップに外交力を据えている。安全保障の要である外交力を強化することで安全保障の強靱化を図る決意と理解する。

レアアースの活用はそれを実現する格好のテーマであり、実用化が視野に入れば、企業の参入も進む。まずは試掘を一刻も早く実施すべきである。岸田文雄首相は衆参両院本会議での施政方針演説で「われわれは歴史の分岐点に立っている」と語った。

レアアース泥の開発が進み、わが国が輸入国から輸出国に転ずれば、激動する国際社会の中で日本の存在感は確実に高まる。その可能性を信じて、日本財団としても可能な限り協力したいと考えている。

「国の対立緩和」を促す民間交流

二〇二三年七月二四日

日中関係が厳しさを増す中、新型コロナ禍で中断していた自衛隊と中国人民解放軍の佐官級交流が4年ぶりに再開、やはりコロナ禍で延期されていた日中医学交流事業の35年記念式典が今月28日に北京で行われることになった。いずれも笹川平和財団や日中医学協会が、中国国際戦略学会や中国国家衛生健康委員会と協力して行う民間主導の交流事業である。6月に実施計画を発表して以来、多くの反響をいただいた。

両事業の立ち上げ当時、筆者は日本財団理事長として事業内容や方向を決める立場にあり、今回も中国国防部国際軍事合作弁公室などと意見交換をした。そんな経緯もあり本稿では、われわれが中国にどう向き合おうとしているか述べさせていただく。

最も冷却化した日中関係

1972（昭和47）年の日中国交正常化から半世紀余を経て日中関係は今、最も冷え込んだ状況にある。5月に広島で開催された先進7カ国首脳会議（G7サミット）について、中国は「関係国とともに中国を中傷し、内政に干渉した」として議長を務めた日本を非難した。国際原子力機関（IAEA）が安全性を認めた報告書に基づき、日本政府が、この夏にも計画する東京電力福島第1原子力発電所の処理水放出に対しても「海は日本の下水道ではない」と科学的根拠を欠く主張で強く反対し、わが国の水産物の輸入を規制する方針を打ち出している。

日本の「言論NPO」と中国の「中国国際伝播《でんぱ》集団」が昨年実施した共同世論調査では、相手国に対する印象を「よくない」と答えた人は日本で87%、中国で63%に上り、その理由として「両国の政治的関係が友好でない」とする意見が双方とも40%を超えた。

政府間の話し合いはとかく難航する。まして隣国関係となるとさらに難しい。その意味でも政府間交流を促し、補完する民間の対話・交流のチャンネルは一つでも多い方がいい。そんな考えで今回、2つの事業の再開を決めた。

佐官級交流は防衛分野の将来を担う若手幹部が相手国を訪問し相互理解を図る目的で20

01年にスタートした。尖閣諸島国有化に伴う政治的緊張や新型コロナ禍で中断したが、これまでに自衛隊から計13回152人が訪中、中国側から計12回228人が来日している。

継続こそ力となる

今回は7月16日から9日間の日程で自衛隊佐官団13人が中国を訪問して交流を重ね、秋には人民解放軍の佐官団が来日する。両国政府、防衛当局の評価も高く、継続こそが力となる。10年間の継続事業とする方向で最終的な調整を急いでいる。

一方の医学交流。昭和62年に日中笹川医学奨学金制度として開始し、当初は毎年100人の医師、看護師を留学生として受け入れ、現在は年間30人規模で日本での共同研究や博士号取得を目指すプロジェクトに成長している。

留学経験を持つ医師や看護師は約2300人にのぼる。1991年には「結社」を厳しく制限する中国では異例の「笹川医学奨学金進修生同学会」(事務局・北京)も立ち上がり、28日は同学会メンバーや指導に当たった日本側教官ら約1000人が人民大会堂で開催される式典に参加する予定だ。

中国では長い歴史の中で多くの王朝が興亡を繰り返した。ただし日中両国が地政学的に切り離せない隣国であることは変わらない。その中で両国は、一時期を除き、世界史の中でも稀《まれ》な穏やかな関係を築いてきた。

世界は今、歴史的な転換点にあり、ロシアのウクライナ侵攻を見るまでもなく「何があってもおかしくない」不安定な状態にある。「海」一つとっても、力による現状変更を進める中国と、法の支配に基づく自由で開かれた海洋の維持を目指す日本とでは立場が違う。今後、台湾海峡や尖閣諸島をめぐり日中間の緊張が一層高まる可能性が高い。

来年の米大統領選に向け民主、共和両党が強硬な対中政策を競い合う気配もうかがわれ、米中の覇権争いも激しさを増そう。それにつれ日本の役割も大きくなる。日本が間に立つことが同盟国の米国だけでなく中国の利益となるケースも増えるはずだ。

佐官級交流を例にとれば、戦争を最も恐れるのは直接戦う軍人である。信頼できるチャンネルがあれば、誤解や行き違いによる紛争や戦争を少しでも避ける道も開ける。

国家の関係に必要な長期的視点

医学交流に関していえば、中国の内陸部には今もなお医療提供が薄い地域がある。医療は国の要である。新型コロナのような新たなウイルスが出現する可能性が指摘される中、日中で共同研究を進める意味は大きい。

温暖化対策や日中両国で急速に進む少子化対策など、双方で知恵を出し合い、協力すべきテーマは他にも多くある。同時に国と国との関係は10年、20年の長い視点で見ていく必要がある。厳しい日中関係を前に、そんな思いを強くしている。

中央アジアで存在感増す外交を

二〇二三年八月三一日

中国が5月に、続いてサウジアラビアなどペルシャ湾岸6カ国で構成する湾岸協力会議（GCC）が7月に、中央アジア5カ国（ウズベキスタン、カザフスタン、キルギス、タジキスタン、トルクメニスタン）と初のサミット（首脳会談）を開催するなど中央アジアへの国際社会の攻勢が強まっている。

なお希薄なユーラシア外交

わが国も1997年から4年間、橋本龍太郎首相（当時）が提唱した「ユーラシア外交」はじめ多くの取り組みを進めてきたが、いまだ存在感は希薄な状態にある。さまざまな可能性を秘めたフロンティアとして中央アジア外交が一層、強化されるよう求める。

中央アジア5カ国は1991年のソ連崩壊に伴い独立した。ユーラシア大陸の中心に位置し、面積は日本の10倍超の400万平方キロ、人口は7810万人（2023年）。天然ガスなど豊富な資源を持つ。

中国とのサミットは5月18、19日の両日、中国の陝西省西安市で開催された。習近平国家主席と5カ国の大統領が出席し、同時期に広島で開催された先進国首脳会議（G7サミット）に対抗して「西安宣言」を発表した。GCCとのサミットでは、長い交流の歴史を持つ両地域の関係強化があらためて確認された。

ソ連崩壊後、バルト三国やチェコ、ポーランド、ハンガリーなど中欧諸国が欧州連合（EU）や北大西洋条約機構（NATO）に加盟したのに対し、中央アジア諸国はロシアへの経済的、軍事的依存が続いた。

しかし、ウクライナ戦争を境に変化しつつある。侵攻に賛同せず、ロシアと一定の距離を置く一方、経済関係が深まる中国にも影響力の拡大に警戒感を強め、複雑な様相を深めつつある。筆者が7月、モンゴル政府の招待を受け首都ウランバートルを訪問した際、オフナー・フレルスフ大統領は中露2つの強大国に挟まれた外交の難しさを繰り返し語った。

わが国は、この地域に対してアジア諸国に見られるような歴史的〝しがらみ〟はない。古代の交易路シルクロードを通じて親近感も強く、政府開発援助（ODA）を通じて培われた信頼もある。

信頼を生んだ抑留者の貢献

加えて敗戦後、ソ連に強制連行され、飢えと極寒の中で道路や建物などの建設工事に従事した抑留者の存在がある。抑留者の誠実な献身は語り継がれ、70年以上経た現在も活用される堅牢《けんろう》な建造物は日本の技術に対する高い信頼を生んでいる。そうした雰囲気を受け、国によって温度差はあるものの、どの国もおおむね親日的で、日本に対する期待も大きい。

抑留者が建設した公共施設はモンゴルを含め各国に多く残る。ウズベキスタンの首都タシケントにある国立ナボイ劇場もその一つだ。戦後2度の大地震で多数の建物が倒壊する中、無傷で残り、現在もオペラの公演などに使われている。

壁面に取り付けられたプレートには「極東から強制移送された日本国民が建設に参加し、完成に貢献した」と感謝の言葉が記されている。「日本国民」の言葉は、独立後の初代大統領イスラム・カリモフ氏が「捕虜」の言葉を使わないよう指示した結果とされ、日本財団の姉妹団体の日本太鼓財団が6月に行った和太鼓2団体の演奏会では、満席の会場から歓声とともに盛大な拍手が湧いた。

抑留の歴史共有し相互理解を

シベリア抑留では旧日本兵や民間人約57万5000人がソ連各地やモンゴル、中央アジアなどで炭鉱の採掘や鉄道建設など重労働に従事させられ、飢えと寒さの中、約5万8千人が命を落とした。

2015年、カザフスタンを訪問した安倍晋三首相（当時）は地元大学での講演で、抑留された多くの同胞が祖国に思いを残したまま最期を迎えた事実を紹介し、「こうした尊い犠牲の上に現在の日本の平和があります」「（彼らが強制労働に手を抜かなかったのは）そこに誇りを託したのだと思います」と述べている。

5カ国が今も〝親日国〟であるのは抑留者が残した大きな遺産と言っていい。国と国の関係は信頼関係が何よりも基本である。関係を強化する取り組みこそ、各国の信頼に応える道であり、悲惨な体験を余儀なくされた抑留者に対する慰霊にもつながる。

日本財団は2005年、トルコで勉学に励む中央アジアの留学生に対する学業支援を開始。300人を超す卒業生が各国政府や大学、金融機関などで要職に就いている。12年後、トルコで発生したクーデター未遂事件で活動拠点の変更を余儀なくされたが、引き続き奨学制度や日本への留学支援を強化している。

各国との友好、相互理解を発展させていくためにもシベリア抑留の歴史を引き続き共有していく必要がある。

そのためにも中央アジア外交の強化は不可欠である。戦後78年が経過し、抑留者の悲惨な歴史を知る人は減りつつある。それだけに、その思いを一層強くする。

第四章 ● 私の政治論

――国民との信頼関係をいかに取り戻すか

政策は国民に十分伝わったか

二〇一七年一〇月一九日

政権選択の場である衆院選の投票まであと3日である。少子高齢化や北朝鮮情勢の緊迫化が進む中、各党、候補者は国民に公約や理念をどこまで示し得たか。

率直な感想を述べれば、解散後の希望の党の誕生、立憲民主党の立ち上げなど、野党再編が予想を超えるスピードで展開し、有権者には各党の政策どころか新党の理念・目的さえよく見えない状況が続いている気がする。

裏付け欠く公約はポピュリズム

例えば消費増税の是非だ。2019年秋に8%から10%への引き上げが予定され、与党がこれに伴う増収約5・5兆円の一部を幼児教育・保育の無償化に充てるとしているのに対し、野党は同様の子ども支援策を掲げる一方で、引き上げの凍結・中止を主張している。では肝心の財源をどうするか、納得のいく説明はない。

わが国はこれまで年金、医療、介護など社会保障の財源の多くを赤字国債で賄い、国の借金は約１０７０兆円と危険水域にある。問題の本質は財政再建であり、社会保障制度を今後、どのように維持するかである。

このままでは国の借金はさらに膨らみ、次世代はその重荷に耐えられない。社会保障制度は早晩、行き詰まり、世代間の対立も深まる。打開するには増税か社会保障を削減するしかなく、欧米では選挙の主要な争点となっている。今回の総選挙は、各党が自らの選択を有権者に示す場であるはずだ。

しかし、わが国では「いずれも反対」の声の前に、打開策が打てないまま国の借金が膨らみ続けてきた。家計金融資産が過去最高の約１８００兆円になりながら個人消費が伸びない背景にも、老後の社会保障の姿が見えない現状に対する不安がある。

乱暴な言い方になるが、２％の消費税引き上げで財政赤字が解消され、社会保障制度が健全に維持できるとは誰も考えていない。さらなる消費税の引き上げと給付の抑制など、社会保障制度全体の見直しが避けられないことも多くの国民は知っている。

各党が子育て支援の強化を公約に掲げているのは、高齢者に偏った社会保障を全世代型に変え、幅広い理解を得るための試みとして評価する。だが、政策である以上、政権を担おうとする者に求められるのは、財源の裏付けを示すことである。それを欠く公約はポピュリズムにつながる。有権者が求めているのは、たとえ票の行方に影響しても信念を語る政治家の覚悟と潔さである。

防災が語られなかった不思議

次いで災害対策。今年も7月の九州北部豪雨災害をはじめ想像を超える集中豪雨被害が相次ぎ、台風の巨大化も目立った。南海トラフ地震や首都直下型地震など巨大地震もいつ起きても不思議でない状態にあり、「安心安全」が叫ばれながら選挙戦で災害対策強化を訴える声が聞こえてこないのは不思議な気さえする。

今回は、外交・安全保障に対する有権者の関心が、かつてなく高まりを見せている。北朝鮮の核実験やミサイル発射、中国の海洋進出が引き金になっているのは言うまでもなく、「平和」を唱えるだけでは国民の不安は消えない。

焦点の憲法改正も、各党によって改正点に違いがあるものの前向きの公約が増えており、自衛隊の位置付けも含め、国際社会にも納得される議論を期待したい。「世界あっての日本」である。

安全保障に関しては、政策的に自民党に近い希望の党と、安全保障関連法に反対してきた民進党には開きがある。民進党から希望の党に合流した候補には、国民に納得のいく説明が必要であろう。

若者の投票が日本を強くする

安倍晋三首相が「国難」と呼ぶ少子高齢化は今後、一段と進む。日本人の平均寿命は２０１６年、男性が80・98歳、女性は87・14歳。この20年間で男女とも３歳以上延び、65歳以上の人口は昨年９月時点で３４６１万人、総人口比27・３％と過去最高になった。

一方、今年４月現在の日本の子ども（14歳以下）数は総人口比12・４％の１５７１万人。１９８２年から一貫して減り続け、２０５０年前後には日本の総人口も１億人を割る。生産年齢人口（15〜64歳）２・２人で高齢者１人を支える現状はさらに厳しさを増す。

こうした中、内閣府が８月に発表した調査では、過去最高の73・９％の人が現在の生活に「満足」と答えた。一方で前回14年の総選挙投票率は52・66％と過去最低を記録した。政治に対する期待が低下しているのかもしれない。

しかし政治を抜きにして社会の改革は進まない。世の中が大きく変わる中での今回の総選挙では、とりわけ次代を担う若い世代には積極的に投票所に足を運んでほしく思う。

公職選挙法の改正に伴い昨年７月の参院選に初めて参加した18、19歳の投票率は46・78％、全年齢平均より８ポイント近く低かった。今回、総選挙に臨む18、19歳は約２４０万人。ひとりでも多くの貴重な投票が、時にひ弱さが指摘される日本の政治を強くする。

財政危機「私はオオカミ少年か」

二〇二〇年六月一二日

外れかねない「ワニの口」

甚大な被害が広がる新型コロナウイルス禍で2020（令和2）年度予算の一般会計は2度にわたる補正予算を含め160兆円に膨れ上がった。

本年度の税収見込みは63・5兆円。コロナ禍に伴う景気の落ち込みで減少は避けられず、歳出と税収をグラフ化した「ワニの口」は上アゴ（歳出）が極限まで上がり、一方の下アゴ（歳入）はさらに下がり、素人目にはアゴが外れかねない危うい状況に見える。

しかも90兆円は公債、公債依存度は過去最高の56・3％に上り、うち約80％の71兆円を特例公債（赤字国債）が占める。国債や借入金などを合わせた国の借金がGDP（国内総生産）のおよそ2倍、1114兆5400億円にも達した財政は一段と悪化する。

「空前絶後の規模」（安倍晋三首相）の予算に異議を唱えるわけではない。新型コロナ禍は戦後最大の国難であり、社会は緊急事態宣言に伴いヒト、モノ、カネの動きが止まった。企業倒産や解雇、雇い止めといった事態も深刻化しており、休業で収入が減った業者に対する家賃支援や資金繰り対策、生活支援は最優先で実施されるべき不可避の対策だからだ。

国際経済は1929（昭和4）年の大恐慌以来の不況の様相を深め、各国も日本と同様、目いっぱいの財政出動を行っている。しかし世界に例のない巨額の借金を抱える日本の事情はより深刻だ。2015（平成27）年、デフォルト（債務不履行）に陥ったギリシャの借金はGDP比で170％、今の日本より低かった。新型コロナは財政再建論議がようやく真剣味を帯びてきたわが国を唐突に直撃する形となった。

コロナ禍は昨年末、中国で発生して以来、瞬く間に世界的大流行（パンデミック）となり、企業の生産や販売、貿易、人々の消費活動は激減し、世界経済は停止した感がある。いつ、収束するか未《いま》だ見えないが、巨額の資金を投入しても倒産が避けられない企業も出よう。立て直しには莫大《ばくだい》な資金が必要となる。財源不足が国の根幹である社会保障や年金、医療、教育の今後にも影響しかねない。

例えば政府が5月末に閣議決定した4次少子化社会対策大綱。今後5年間の子育て対策の指針となり、結婚して子供を産みたいという人の希望がかなえられた場合の数値目標として「希望出生率1・8」を明記している。

文字通り今後の国づくりの根幹となるが、1人の女性が産む子供の数「合計特殊出生率」

が昨年、1・36まで下がった現状からも、児童手当の拡充などよほどの出産・子育て環境の整備が進まない限り実現は難しく、資金が確保できなければ大綱は〝絵に描いた餅〟に終わる。

厳しい財政の現実を語れ

巨額の借金は政治が選挙や世論を気にして厳しい現実を言わず、国民が負担増よりも公共サービスの増加を求めてきた結果である。

アフターコロナの世界は大きく変わる。保護貿易主義や一国主義が台頭し、国家や地域を越えたグローバリゼーションの見直しも進もう。当然、国民の日常生活も大きく変わる。

医療や教育が成り立たないようでは、国づくりはストップする。社会福祉や費用負担の在り方について、正面から国民に問わなければならない時期にきている。この先にどのような困難が待ち受けているか、国民に分かりやすく語り掛け、厳しい財政の現実を認識してもらう必要がある。そのためにも本格的な財政論議が急務である。コロナ対策の手厚さばかりを競い合う政治の現状は責任を果たしているとはいえない。

国債の95%は日本国内で保有されている、あるいは日本には1800兆円に上る国民金融資産がある、といった楽観論もあるようだが、借金は少ないほうがいいに決まっている。経済に素人の立場ながら財政健全化の必要を一貫して訴えてきたのは、そのためだ。

〝オオカミ少年〟の誹《そし》りを受けるかもしれないが、国債は借金の先送りにすぎずいつかは清算されなければならない。今を生きる世代には次世代、さらに選挙権がなく政治の場で意思表示ができない将来世代に重いツケを負わせる事態を少しでも減らす責任がある。

国と国民が連帯してこそ

コロナ禍で日本は、死者数の少なさからみても、それなりにうまく対応してきていると思う。国民皆保険制度による質の高い医療の存在などが指摘されているが、国民が国の自粛要請に予想以上に応えた結果だと思う。

財政の危機が解消されなければ国の将来は描けない。同時に国民の理解と協力がなければ乗り切ることはできない。逆に言えば国と国民の連帯が実現すれば乗り切る道が拓《ひら》ける。

コロナ禍で国の要請（お願い）を受け入れた国民の姿に、その一つの可能性を見た気がする。多くの経済学者から有用な解決策、提言もなされよう。そうした期待を込め、引き続きオオカミ少年の〝悪役〟を果たしたく思う。

M・ウェーバー没後百年に思う

二〇二〇年八月三一日

今年は20世紀を代表するドイツの社会学者マックス・ウェーバーの没後100年に当たる。ウェーバーが死の前年の1919年1月、ミュンヘンで学生団体を前に行った講演をまとめた「職業としての政治」は今も政治を志す人の〝必読書〟となっていると聞く。

情熱、責任感、判断力が重要

そんな訳でこの夏、ウェーバー関連の書籍に何冊か目を通した。この中でウェーバーは政治家に特に重要な資質として「情熱」「責任感」「判断力」の3つを挙げ、政治家という職業の厳しさについて「自分の行為の責任を自分一人で負うところにあり、この責任を拒否したり転嫁したりすることはできないし許されない」と指摘している。

講演が行われた当時、ドイツは第一次世界大戦の敗戦直後。帝政廃止など時代の激動期にあり、世界で4000万～5000万人、日本で38万人が死亡したとされるスペイン風邪の真っただ中にあった。翌年のウェーバーの死も、この風邪が原因だったとされている。

一読者にすぎない筆者には難解な言葉が多いが、新型コロナウイルスのパンデミック（世界的大流行）で日本を含め世界が大きな変革期に直面する現在との相似点も多く、自分なりの解釈でウェーバーの言葉と日本の政治を比較してみた。やや乱暴な言い方になるが、日本にウェーバーが言うような情熱、責任感、判断力を備えた政治家は稀《まれ》だというのが結論だ。

その一因として、1996年の衆議院議員選挙から導入された小選挙区制を挙げたい。それ以前の中選挙区制では1選挙区の定数が3～5人だったのに対し小選挙区は1人。中選挙区では自民党を中心に同じ党の候補者が複数立ち、ライバルとして競い合うことでたくましさを身につけた。

これに対し、小選挙区で主に争われるのは党の政策。地域に根ざしたテーマは少なく、選挙区によっては、最初から当選者が見通せる無風区も多い。その分、選挙は盛り上がりを欠き、地域・有権者に対し強い責任感や情熱を持つ政治家は育ちにくい気がする。ウェーバーの言に従えば、「政治のために生きる」政治家より、政治を収入源とし「政治によって生きる」政治屋が増える結果ともなる。

辞職して高額歳費を返上せよ

同じ意味で、昨年7月の参議院選挙をめぐる大規模な買収事件で公職選挙法違反に問われた河井克行衆院議員と妻の案里参院議員、さらにカジノを含む統合型リゾート（ＩＲ）事業をめぐる汚職事件で、収賄罪で起訴された秋元司衆院議員に対する与野党の対応には不満を感じる。河井夫妻は8月25日に東京地裁で開かれた初公判で買収の意図などを否定し、ともに無罪を主張した。秋元議員は起訴後の保釈中に裁判で虚偽の証言をするよう依頼、報酬提供を持ち掛けたとして組織犯罪処罰法違反（証人等買収）容疑で逮捕された。

刑事裁判には、有罪判決を受けるまでは被告を無罪として扱わなければならない「無罪推定」の原則がある。しかし、一般の国民ならともかく、有権者に広く支持を訴え当選した政治家には、もっと高度の倫理観が求められ、裁判で争うのは当然として、ここはまず自ら身を引き、高額な歳費を返上するのが筋である。ウェーバーが言うように、自分の行為の責任は自分一人で負うしかないのだ。

併せて言えば、国会も3人の議員辞職勧告を決議すべきである。「議員本人が判断する問題」、「選挙で選ばれた議員の進退を議会が議決する法的明文規定がない」との意見もあるようだが、そのような説明で国民の理解が得られるとは思えない。逆に国民の政治不信が一層膨らむことになる。

ポストコロナの世界は、激しさを増す米中対立の中での安全保障・外交問題、借金が１１００兆円を超え危険水域にある国の財政再建、いつ起きてもおかしくない巨大地震や常態化する豪雨災害対策など国の根幹にかかわる重要課題が山積する。

政治屋ではなく政治家に

ウェーバーは政治に身を投ずる者が備えるべき資質として「常に戦い、その責任を自ら負う覚悟」「重大決定できる気概を持つ必要性」などを指摘し、「政治家にとって大切なのは将来と将来に対する責任である」と説いた。数々の言葉は１００年を経た現在も色あせていない。

有権者、特に若者の政治離れを指摘する声も多い。国政選挙の投票率も前回衆議院議員選挙が53・68％、昨年の参議院議員選挙が48・80％と低迷している。国づくりは国民の納得と協力なくして進まない。そのためにも国民の不安を解消し、政治に対する国民の期待と信頼を高めるのが喫緊の課題だ。

戦後75年、社会は大きな転機を迎えている。国民が求めているのは「政治屋」ではなく「政治家」である。政治に携わる人たちが真の政治家として日本および国民に夢と希望を与える存在になられるよう切に願ってやまない。

憲法改正より修正が分かりやすい

二〇二〇年九月三〇日

決めるのは主権者たる国民

菅義偉新内閣のアフターコロナの最大の政治課題の一つが憲法改正問題である。筆者は憲法も人が作る以上、時代の変化に合わせ見直す必要があると考えるが、変えるにせよ、変えないにせよ、それを決めるのは主権者たる国民である。

然《しか》るに国民の関心は、消費税や年金問題などに比べ、いまひとつ盛り上がりを欠く。一因として国民の多くが「改正」の言葉に、憲法全体の作り替えにつながるような〝重大さ〟を感じているのではないかと思う。必要なのは憲法に対する国民の関心の高まりである。ならば、改正をもっと柔らかい「修正」の言葉に置き換えるのも一考と思われる。

この考えを9月17日に行われた「正論大賞」の授賞式で披露したところ、たまたま会場に顔を出された元駐英大使の藤井宏昭氏から後日、メールで以下の指摘をいただいた。

「現行の日本国憲法が旧帝国議会で承認された際、明治憲法（大日本帝国憲法）の改正と明記された。こうした点もあって、憲法改正というと何となく全面的に変えると感じる国民が多いようにおもわれる」

現下の情勢を見ると改憲、護憲に分かれた政治家や学者の論争ばかりが目立ち、社会の変化を踏まえた現実的な議論は少ない。どこに問題があるのか、国民には見えにくい状況があり、この点も憲法に対する関心が低調な一因となっている。

確かに憲法第96条（改正）1項には「この憲法の改正は」とある。しかし、憲法改正は一般に「条文の修正、追加または削除」と解説され、憲法修正であっても特段の支障はないと思う。

憲法は「不磨の大典ではない」

議論の取っ掛かりとして、現憲法に対する私見を述べさせていただく。憲法は国の基本法であり、改正はその国の判断に委ねられなければならない。然るに現憲法は、連合国軍最高司令官総司令部（GHQ）が草案を作成するなど、その成り立ちにまず問題がある。

全体の目的や精神を述べた前文には、「平和を愛する諸国民の公正と信義に信頼して、われらの安全と生存を保持しようと決意した」とある。平和は尊いし、諸国民の公正と信義を信頼できる国際社会こそ理想である。

しかし、日本の周辺を見渡せば、北朝鮮は核開発を急ぎ、南シナ海での軍事拠点づくりを進める中国は沖縄県・尖閣諸島周辺への侵入を常態化させている。トランプ米大統領の自国第一主義を見るまでもなく、日米同盟を基軸とする安全保障環境も変化しつつある。諸国民の公正と信義を信頼して安全を保持できる状況にはない。

焦点となっている憲法9条も現実的と思えない。戦争の放棄や陸海空軍その他の戦力の不保持は、どう見ても自衛隊の存在と矛盾するし、自国の軍隊を持つのは独立国家の要諦である。戦前の反省を踏まえ厳しいシビリアンコントロール下に置いた上で、憲法で自衛隊を国軍と位置付けるのが、あるべき姿と考える。

何時、起きてもおかしくない南海トラフ大地震など大災害を想定すると、新型コロナ禍で浮上した緊急事態条項の新設も必要と考える。このほか私学助成の在り方など、現実に合わせ見直しが必要な条項は何点かある。

日本国憲法は終戦2年後の昭和22（１９４７）年5月3日に施行された。同様に第二次世界大戦後に制定されたドイツ連邦共和国基本法は60回以上、イタリア共和国憲法も10回以上、改正が行われている。それぞれの構成や法律としての性格に違いがあるとしても、施行以来73年間、一字一句、変わることなく、現在に至る日本国憲法は世界でも極めて特異な存在である。

憲法も時代に合わせ見直さなければ社会と合わなくなる。時に護憲派から、現憲法を「人類の英知」と礼賛する声を聞くが、現憲法は「不磨（すり減らないほど立派）の大典」ではないし、そうあってはならないと考える。

国民参加の幅広い議論こそ

筆者は２００９年から６年間、古くからの友人であるヨルダン王国のハッサン王子とともにアラブ諸国や南アジアの知的指導者によるＷＡＮＡ（西アジア・北アフリカ）フォーラムをアンマンで開催した。ある時、ハッサン王子が筆者を「笹川財団の笹川」と紹介するのを聞き、「笹川平和財団の笹川」だと伝えると、「よく知っている。しかし中東では平和という言葉を使うと〝偽善者〟とみられる。だからあえて『平和』を外した」との説明だった。

平和の捉え方ひとつとっても、国によってこれだけの違いがある。憲法問題は改憲、護憲だけに二分化できるような単純なテーマではない。

今、必要なのは一人でも多くの国民が参加した幅広く分かりやすい議論の広がりだ。誰もが参加できる柔軟な「憲法修正」の議論こそ、その実現につながる。

投票こそ国民の第一の「義務」だ

二〇二一年一〇月二八日

「言論の府」たる国会の低迷が指摘されて久しい。わが国の国政選挙における投票率の低さ、とりわけ若者の投票率の低さの一因は低調な国会論議にあると思う。国を支える若者の投票率の低さは国の将来を危うくしかねない。高い投票率こそ国会、ひいては政治の力を強くする。31日に投開票が行われる衆院選に一人でも多く参加されるよう訴える。

世界でも低い日本の投票率

近年、わが国の国政選挙の投票率は低下傾向にある。2017（平成29年）の前回衆院選も53・68％と戦後2番目の低さだった。2016年から4年間を対象とした経済協力開発機構（OECD）の調査でも、日本は加盟38カ国中34位と低位に位置している。中でも若者の投票率の低さが目立ち、2016年の改正公職選挙法の施行で選挙権が18歳に引き下げられたのに伴い注目された10代の投票率も40・49％と極めて低い数字に留《とど》まった。

日本財団が一昨年秋、米英両国や中国、インドなど計9カ国の17～19歳各１０００人を対象に実施した意識調査で、「自分で国や社会を変えられると思う」と答えた日本の若者は18・3％、日本に次いで低かった韓国の半分以下だった。さらに自国の将来について「良くなる」と答えた若者は９・６％と突出した最下位だった。逆に「悪くなる」の回答は4倍の37・９％に上り、戦後、平和憲法の下、豊かで安全な社会を築いてきた日本で「なぜ？」といった衝撃を呼んだ。

近年の格差の拡大などさまざまな要因があろう。筆者は、世の中がどのような方向に進み、それに対して、自分がどう向き合い、何をすべきか、若者に迷いがあるのが一番の原因と思う。その象徴が国と地方を合わせ国内総生産（ＧＤＰ）の２・2倍、約１２００兆円に上る長期債務（借金）の存在だ。『文芸春秋』11月号に財務省の矢野康治事務次官が「このままでは国家財政は破綻する」の一文を寄せ、衆院選の主要テーマの一つともなっている。

危険水域まで膨らんだ国の借金は、選挙のたびに与野党が聞こえの良い公約をバラマキ合った結果である。関連して国民の間に、責任よりも権利意識が肥大化する悪《あ》しき傾向も生んだ。各党の公約には子供、若者対策も含まれている。しかし、財源をどう確保し、財政をどう健全化するのか、明確な筋道は示されていない。

結局、そのツケは少子化が進む若者世代に回る。若者の悲観的な将来感、低い投票率の背景には政治に対する期待の薄さがある。政治に対する不信と言ってもいい。そのためにも言論の府である国会が、本来持つべき機能をもっと強化する必要がある。

国会は合意形成を図る場だ

筆者は、国会は与野党が党派を超えて議論を戦わせ、国民にとって何が一番いいのか、合意形成を図る場と考える。与党がまとめた案に不備や問題点があれば野党が指摘し、必要に応じ修正を加え、最終的に国民に最もふさわしい政策にまとめるのが、あるべき姿であり、「反対のための反対」であってはならない。

これは、どの党が政権を取り、どの党が野党になろうと、変わらぬ原則である。国会を活性化するためには、時に党の殻を破り自説を展開する覚悟と気迫を持った政治家がいてもいい。1940年の帝国議会衆院本会議で日中戦争を批判する「反軍演説」を行った斎藤隆夫は衆議院議員を除名された。不祥事や汚職で党から除名、あるいは辞職を余儀なくされる議員の姿を見るにつけ、せめて天下国家を論じ国会議員バッジを外すぐらいの気概を持ってほしいと思う。

政治は「言葉の世界」である。論戦は、国民に分かりやすい言葉で、論理を尽くして行われる必要がある。時に、聞くに堪えない感情的な政府批判が先走りするのは感心しない。衆参両院はともに規則で「議員は、議院の品位を重んじなければならない」と定めている。冷静で内容が濃い品位のある論戦こそ、国民の関心と共感を得られる。

国会論議活性化が喫緊の課題

パンデミック（世界的大流行）となった新型コロナウイルス禍では、わが国に限らず世界の国々が国民の生活から産業基盤まで大きく傷ついた。ポストコロナの社会づくりは決して容易ではない。国民に新たな負担や我慢を求めざるを得ない事態も出てこよう。それに備える上でも政治に対する信頼が欠かせない。

政治の活性化には、以前、本欄で触れたように議員数や二院制の在り方など多くの問題があるが、何よりも国会論議の活性化が喫緊の課題と考える。投票率は政治に対する国民の期待の指標である。高い投票率は期待値の高さを示し、その分、当選した議員の責任は増し、国会論議の活性化も期待できよう。同時に日本の政治も強靱《きょうじん》になる。

そのためにも一人でも多くの有権者、とりわけ次代を担う若い人たちが積極的に投票されるよう望む。投票は権利であると同時に国民の第一の「義務」である。

年頭にあたり　改めて問う「政治家とは何ぞや」

二〇二三年一月五日

世界は激しく揺れ動き、政治の強い指導力が一層、求められる時代となった。しかし、筆者は日本の政治の現状に強い不安を感じている。このままで、この国は大丈夫かとも思う。

縮小する政党や政治家への期待

各種世論調査を見ても、政治に対する信頼は著しく低下し、言論NPOが2019（令和元）年に行った調査で70・9％が「わが国を取り巻く諸課題の解決を政党や政治家に期待することはできない」と答えた。

この傾向は若者層に顕著で、日本財団が同年秋に9カ国の17～19歳各1000人を対象に行った調査でも、「自分の国が良くなる」と答えた日本の若者は10％を切り、約4倍の38％は逆に「悪くなる」と答えている。

次代を担う若者が、低迷する政治の現状により敏感に反応しているということであろう。

これでは社会を健全に維持していくのは難しい。背景には、急ぐべき諸課題の解決を先送りしてきた、この国の戦後政治がある。

例えば世界の先頭を切って進む少子高齢化。働き手が減る一方で高齢者が増えることにより、担い手の負担は急増する。現に1人の高齢者（65歳以上）を支える現役世代（15〜64歳）の数は、昭和50年の7・7人が平成27年には2・3人になり、さらに2065年には1・3人に減る。

こうした数字の変化は総務省統計局の人口推計などで早くから予測できた。年金や医療など国の基幹システム維持が難しくなっている現状は、政治が手をこまねいて問題を先送りしてきた結果だ。国民に消費税増税など新たな負担を求める勇気と決意が欠けていた。

与野党は政策を競い合うべき

代わりに国債による財源確保策が優先された。今や地方債を加えた発行残高（借金）は国内総生産（GDP）の2倍を超え、将来に向けた政策投資の幅を狭め、社会の活気を奪っている。四半世紀前、世界のトップ水準だった日本人の年収は2021年、世界22位（OECD統計）まで落ち込み、若者の閉塞《へいそく》感を一層、深めている。

政治はポピュリズム（大衆迎合主義）の傾向を強め、与野党が聞こえの良い政策を競い合うようになった。各党が、それぞれが目指す日本の将来像を示し国民の支持を競うのが、政党政治の本来の在り方であり、その姿を取り戻すべきである。

財源の裏付けなど、実現に向けた具体的な道筋がはっきり見えない提案では、本気度も分からず、有権者も政権選択の判断ができない。政治が健全に機能するには健全な野党の存在が欠かせない。野党第一党の支持率が7％前後にとどまる現実を各党は真剣に受け止める必要がある。

わが国の議会政治に名を残す齋藤隆夫は1940年、帝国議会で行った〝反軍演説〟で「身をもって国に尽くすところの勢力が足らない」と不安定な政局を批判し、衆議院議員を除名された。政治が低迷する今こそ、議員バッジを外す決意を持って政治に向き合う真の政治家の登場を待ちたく思う。

昨年、第2次岸田内閣の閣僚4人が不祥事や失言で相次いで更迭された。うち葉梨康弘前法相は問題となった死刑軽視発言のほかに、「法務大臣になってもお金は集まらない。なかなか票も入らない」と語っていた。パーティーでの〝受け〟を狙った発言だろうが、政治家の発言としてあまりに能天気で緊張感を欠く。

国際社会はいまだ新型コロナ禍、ウクライナ戦争の終息が見えず、核使用の可能性さえ懸念されている。各国による食料やエネルギー資源争奪戦も激しさを増し、カロリーベースで自給率38％（2021年度）の食料、同12・1％（2019年度）のエネルギーの安定確保など喫緊の課題も山積している。

若者層の負担増をどう抑え、労働力不足解消に向け優秀な外国人材をどのように受け入れていくか。いまだ「解」が見えない難題も多い。中国の軍事大国化、北朝鮮の相次ぐミサイル発射で安全保障環境も厳しさを増している。日本は戦後、安全保障を日米同盟に依存し経済を優先させてきた。現実的脅威が増す中、安全保障を「二の次」にする姿勢はもはや、許されない。どうすれば戦争や紛争に巻き込まれる危険性を減らせるか、国民も防衛費増額を巡る国会審議を見守っている。

力強い政治の再生を願う

何ら手を打たなければ日本は国際社会の中に埋没し、存在感を失う。筆者は東日本大震災直後の2011年、本欄に「これでいいのか、政治家諸君」を投稿し、混乱する政治の再生を求めた。

政治に期待できなければ投票率は下がり、政治の劣化は一層進む。改めて政治の在り方を問うのは、力強い政治の再生を願ってのことだ。一人でも多くの政治家が、この国を背負って立つ覚悟と気概を新たにされるよう願ってやまない。

年頭にあたり　政治家諸君「日本病」を阻止せよ

二〇二四年一月五日

平成初頭のバブル崩壊で始まり、今も続く「失われた30年」を前に、1960年代から70年代にかけイギリスで起きた「英国病」を思い出している。

サッチャー首相の嘆き

近年の日本は、第二次世界大戦の戦勝国でありながら、多くの機能が停滞し容易に打開策を見いだせない苦境に置かれた当時のイギリスと共通点が多く、「日本病」と呼ぶしかない深刻な状況にあると考えるからだ。

筆者は1984年6月、イギリスのサッチャー首相（当時）の招待で、亡父、良一とともにロンドンの中心地、ダウニング街10番地の首相官邸で夕食をいただいたことがある。アルゼンチンとのフォークランド紛争勝利から2年、バブル景気を目前に好景気に沸く日本とは逆に炭鉱ストなど英国病の後遺症に悩んでいた。

懇談の途中、サッチャー首相は世界の経済に触れ、日本の独り勝ちに強い不満を漏らされた。筆者は「栄枯盛衰は世の常。日本の繁栄も長く続くとは思えません」とその場を取り繕ったが、約40年を経た現在、わが国のあまりの落ち込みに驚きを禁じ得ない。

故渡部昇一・上智大名誉教授は昨年11月に出版された「正義と腐敗と文科の時代」（青志社）で英国病は「イギリス議会が税金を倹約する機関から一転して、税金をばらまく機関に変質したこと」が原因と指摘している。

〝ばらまき〟でなく税金節約

イギリス議会には13世紀にイングランド王国で制定されたマグナ・カルタ（大憲章）以来の伝統として、「納税者の権利を護《まも》る」「税金をコントロールし節約する」のを至上義務とする精神があった。それを失ったのが一番の原因だというのだ。

与野党を問わず世論受けを狙って〝ばらまき〟を競い合う日本の政治にも節約の精神の希薄さを感じる。国会の予算審議などを見るにつけ、日本病に対する危機感を一層、強くする。

渡部氏も日本政治について税金を使う側の政府とコントロールするはずの議会が「予算のぶんどり合戦をやっている」と指摘した上で、「納税者を護る歯止めのなくなった国家は必ずひどい目にあう」と警告している。

財務省によると、国債と借入金などを合わせた「国の借金」は昨年3月末現在で1270兆円、国内総生産（GDP）の2倍を超す。岸田内閣が打ち出した少子化対策や防衛費強化の財源をどう確保するか、いまだに見えていない。

一年の世相を表す漢字の1位に昨年は「税」が選ばれた。所得税の定額減税など目先の軽減策が打ち出される一方、安定財源の確保を巡る議論が先送りされている現状に対する国民の懸念が強く反映された結果だと思う。

「失われた30年」の中で、日本人の平均給与は1996年の472万円をピークに下がり始め、2018年には433万円まで減った。国の経済規模を表すGDPも、1997年当時の世界2位、米国の約半分から、2022年には世界3位、米国の約6分の1と伸び悩み、国際通貨基金（IMF）の予測では近くドイツに抜かれる。

世界は大きな転換点を迎え、国の内外に重要課題が山積する。国際社会における、わが国の落ち込みを「外交の問題」と指摘する向きもあるが、一番の原因は国力の低下そのものにある。

各省庁が中長期的な事業を行うために基金を積み立てている186事業の残高が、昨年3月末時点で16兆6000億円に上ると報じられている。有事に備え無駄を排するためにも議会の責任は重い。

国民の信頼があってこそ

折しも政治資金パーティーの裏金疑惑をめぐり政治は混乱の極みにある。戦後の日本は何度も「政治とカネ」の問題が表面化し、その都度、政治に空白を生んできた。これも日本病である。国民の間には「これだけ頑張っているのになぜ、日本は駄目なのか」と納得できない気持ちが広がっている。国民の信頼がなければ政治は前に進まない。日本病の克服は岸田文雄首相だけでなく国会議員すべてが取り組まなければならない喫緊の課題だ。

渡部氏は、明治政府の初代内閣総理大臣を務めた維新の元勲・伊藤博文が、日露戦争の開戦を2年後に控えた1902年、第1次桂太郎内閣が帝国議会に提案した増税による海軍拡張案に議会の先頭に立って反対、「国費の膨張と無駄遣いを徹底的に抑えよ」と主張した事実も紹介している。

1956年末に総理大臣に就任した石橋湛山元首相は病のため在職日数65日で辞職した。しかし、没後50年を迎えた昨年、与野党の国会議員が超党派の研究会を発足させるなど今も存在感を持つ。

首相を含め政治家に対する評価は、在職日数の長さではなく何を為《な》したかで決まる。首相、国会議員すべてが勇断をもって日本病阻止に立ち上がられるよう望んでやまない。

今こそ活力ある政治を取り戻せ

二〇二四年三月二九日

自民党派閥のパーティー収入不記載事件で国会をはじめ政治全体が混乱の極みにある。事件では国会議員が国会で定めた政治資金規正法を自ら破った。「何をか言わんや」である。過去のロッキード事件やリクルート事件を見るまでもなく、「政治とカネ」はこれまで繰り返し問題となってきた。国内外に重要な課題が山積し、国際社会が激しく揺れ動く中、カネの問題で政治が停滞する現状は看過できない。あえて私見を述べさせていただく。

一定の政治資金は必要

まず政治資金問題。結論から言えば、政治活動の実態からも一定の政治資金を認めた方が合理的と判断する。確かに国会議員には年約1550万円の歳費や月100万円の調査研究広報滞在費（旧文書通信交通滞在費）、月65万円の立法事務費、期末手当など年間4000万円超が支給される。

公設秘書3人分の給与も公費で賄われ、国が交付金を出す政党助成制度もある。しかし、国会議員の活動は中央だけでなく地元選挙区も含め幅広い。地元の政策課題を政治に反映させるには地方での幅広い対話や交流も欠かせない。

結果、私設秘書も数人必要となり、その給与や地元での会合費など出費も多い。与野党の議員の多くが政治資金パーティーを開いているのは、得られる資金で議員活動を充実させるのが目的と思う。

透明性が前提となるのは言うまでもない。使途をすべて公開すれば、今回の事件のように裏金疑惑が発生する余地はなくなる。政治の世界を目指した以上、どの議員も胸を張って使途を公表する覚悟は当然、持っているはずだ。

あえて政治資金を認める立場をとるのは、個人からの寄付を含めすべてを規制すれば、世襲議員や資産家、手厚い支援組織を持たない限り、政治家になり、あるいは政治家として成長する機会を失うことになりかねないからだ。

多数が集まってこそ力に

次いで自民党の派閥問題。率直に言って、岸田文雄首相が早々と派閥解消を打ち出したのは早計だったと思う。首相が自ら会長を務めていた「宏池会」（岸田派）を解散する意向を示したのを受け、6派閥のうち4派閥が解散した。

赤字国債の是非を含めた財政再建、中国・台湾とどう向き合うかといった外交問題など、わが国が直面する諸課題に対する自民党内の意見は派閥によってかなりの開きがある。

過去を振り返ると、各派が政策を競い合うことで党の活力が生まれ、時に政権に対するチェック機能を果たしてきた経緯もある。小選挙区制になったことで中選挙区時代のように、同じ党の複数の候補が選挙で政策を争う場面も姿を消した。派閥が果たしてきた若手議員の育成をどうするか、といった問題もある。

政治は「数こそ力」の世界。多数が集まってこそ力となる。時に「金とポストで数を集める総裁選挙を戦うのが派閥、政策をつくるために集まるのが政策集団」といった説明を耳にするが、聞こえはともかく実態は同じである。

派閥を解消しても、考えを同じくする議員が必ず集まる。政策集団にせよ勉強会にしろ、人が集まらなければ形を成さない。派閥解消を打ち出す前に、派閥の功罪をもっと議論する必要があったのではないか。

日本財団が一昨年初め、日本と米国、英国、インド、中国、韓国の計6カ国の17~19歳各1000人にインターネットで「自国の将来」について聞いた結果、「良くなる」と答えた日本の若者はわずかに14%。5番目の韓国の半分以下に留《とど》まり、逆に「悪くなる」は35%と

6カ国中、最も高かった。

調査結果は、次代を担う日本の若者が将来に希望を持てないでいる姿を浮き彫りにしている。国造りの展望を示すのは政治の役割である。各種世論調査で自民党の支持率が軒並み落ち込んでいるのは当然として、野党の支持率に目立った変化が見られない。国民の間で進む政治離れ、無関心が投影された結果と思うが、社会の一員である以上、誰もが政治と無関係ではあり得ない。

政治浄化と併せ国民が求めているのは、国の将来を国民に示し、切り拓《ひら》いていく政治の強い姿である。浄化を目指すあまり、自縄自縛となって活力を失うようなことがあってはならない。

政治の姿示す絶好の機会

政治が停滞したままでは、激動する国際社会の中で日本は一段と地盤沈下し発言力を失う。今回の事件で国民は政治に厳しい目を注ぎ、政治に対する関心も高まっている。今こそ新たな政治の姿を国民に示す絶好の機会である。

予算委員会の論戦を見ると、事件の真相解明はともかく、山積する諸課題に対する与野党の議論があまりに希薄で、国民の思いとかけ離れている気がする。政治が本来の活力を取り戻せば政治に対する国民の期待も高まる。
それが実現した時、政治不信が緩和され、政治の再生も視野に入ってくる。

第五章●私の社会論

——「自助」「共助」「公助」を改めて考える

震災から5年「民の力」活用して復興に活路を

二〇一六年三月一〇日

東日本大震災の被災地復興をお手伝いしながら阪神・淡路大震災（1995年）当時に比べ、現場に大きな変化が出てきているのを実感する。

専門知識を備えたNPO（民間非営利団体）と行政の連携が進み、CSR（企業の社会的責任）から一歩踏み出し、CSV（社会との共有価値創造）の考えに立って復興支援を企業戦略に積極的に取り込む企業が増えてきた点だ。

行政主導には限界がある

大都市に被害が集中した阪神・淡路大震災と違い、被害が広域に拡散した東日本大震災で、行政が復興を主導するのは限界がある。少子高齢化に伴う過疎や国、自治体の財政も悪化している。

「民」の協力を抜きにした被災地復興はあり得ない。NPOや企業など民の力と行政をつなぎ、新たな活力を生み出す試みを全国に広げていくことが、日本の社会づくり、地方創生に活路を開くことになる。

全国有数のサンマの水揚げで知られる宮城県女川町で新しい動きを見てみたい。大震災当時、人口約1万人の女川町は大津波で根こそぎ破壊され、人口比最大の8％、827人が犠牲となった。

カタールから寄せられた支援金20億円を基に2012年秋、3階建ての多機能水産加工施設が完成、一昨年の水揚げ高は震災前を上回り、復興の兆しも見える。しかし人口は昨年10月時点で約6300人まで減り、被災地最大の37％の減少率を記録している。

こうした中、町の若手事業者が「復幸まちづくり女川合同会社」（合同会社）を立ち上げ、町や民間団体、被災地で大規模な復興プロジェクトを展開するキリングループが連携して支援した。

特産の水産加工品のブランド力を高め売れ行きを伸ばし、町の過半を占める水産関係者の収入と観光客増を図ることで人口流出に歯止めをかける、というのが合同会社の狙い。会社の形態を取っているが活動実態はNPOに近い。

地元の方言をもじった「あがいん（AGAIN）女川」のブランド名も決まり、既に31商品を登録、加工・販売の一本化にも取り組んでいる。とかく一匹オオカミになりがちな漁師たちの連帯感も高まっているという。

積極的な企業のCSV

キリングループは被災地のホップを使ったビールも製造、国内ではいち早くCSV本部を立ち上げ、被災地の人々を応援しながら企業としての収益・経済的価値を追う積極的な企業戦略を持つ。

大手化粧品会社など数社が、こうした企業戦略を打ち出し、NPOや行政と連携することで復興の一翼を担っている。力を増したNPOの存在は阪神・淡路大震災の「ボランティア元年」に代わって「NPO元年」の到来さえ感じさせる。

東北の被災地の現状に対し「復興遅れ」を指摘する声もある。しかし被災地はもともと深刻な過疎が進んでいた地域であり、大津波に襲われた土地のかさ上げといった特殊な事情もある。被災地が広い分、課題も多く時間もかかる。

加えてインフラなど基幹施設の整備だけでなく、より難しい心の問題もある。大津波対策を徹底させた高台移転や巨大な防潮堤建設がいまひとつ不評な背景には、長年、この地で暮らしてきた人々の海に対する熱い思いがある。

日本財団が取り組んだ地域伝統芸能復興事業でも、同様の印象を強く受けた。事業では大津波で流失した神社の社殿や神輿《みこし》、太鼓などを寄贈、各地の祭りの復活に一役買った。「祭りこそ他地域に避難した人々が帰るきっかけになる」「祭りがあるから地元に残る」といった若者の声に、地域との絆や帰属意識がいかに大切か、あらためて思い知らされた。

地方創生とテーマは同一だ

復興の鍵のひとつは、住民の流出をいかに防ぐかにある。東日本大震災では現在も17万人が避難先で暮らし、総務省がさきに発表した国勢調査の速報値では、岩手、宮城、福島3県の人口は10年前に比べ30万人も減少している。

自然減だけでなく、地域の将来像が見えないまま故郷に別れを告げる人が相当数に上っていると思う。どのようなコミュニティーを作っていくのか。人口が減少する縮小社会を迎え「解」を見つけるのは簡単ではない。

「みんなが支え合う社会づくり」を目指す鳥取県と日本財団の共同プロジェクトが今月からスタートする。同県の人口は全国の都道府県で最も少ない58万人、中山間地の過疎も進んでいる。

復興は地方創生と同一のテーマであり、東日本大震災の被災地の経験を生かし多角的な取り組みに挑戦したいと思う。専門家の知恵も取り込み、NPOや企業、行政のさまざまな組み合わせ、連携を模索する中から、被災地の復興、地方創生の新たなモデルが見えてくるのではないか。そんな思いを強くしている。

改めて支援金の重要性を訴える

二〇一六年四月二一日

災害寄付には「義援金」と「支援金」という、2つの形がある。連日の激しい揺れで日を追うごとに被害が拡大する熊本地震を前に、どちらにするか迷っている方が多いかもしれない。義援金は大災害での被災者にお悔やみや応援の気持ちを込めて贈られる見舞金を指し、支援金は被災地で活動する民間非営利団体（NPO）や災害ボランティアを支えるために寄付される浄財をいう。

ニーズに応じ柔軟、迅速に

どちらも重要である点に変わりはないが、義援金は公平・平等を検討した上、被害の特定を待って配分額を決定するため、過去の例では被災者の手元に届くのに10カ月以上かかる。大災害の発生当初や熊本地震のように現在進行形の災害では、現地のニーズに柔軟、迅速に対応できる支援金がまずは必要ということになろう。

しかるに日本では、義援金が圧倒的に多く、支援金は全体の1割程度にとどまる。熊本地震の被災地復興活動が本格的に始まるのを前に、改めて支援金の重要性を訴えたい。

大災害では、被災者の救出や水道、道路など基幹インフラの復旧を国や自衛隊、自治体など「公」が担い、食料や飲料、生理用品など被災者が必要とする物資の募集や仕分け、全半壊した家屋の片付けなどを「民」が担う役割分担が定着しつつある。

寄付文化が未成熟といわれた日本でも1995年の阪神淡路大震災以後、民間から寄せられる浄財は増加傾向にあり、東日本大震災の寄付額は海外も含め6000億円を超えた。しかし大半は義援金で、支援金は700億円前後にとどまったとされる。

民が果たす役割の大きさに比べ、バランスを欠くともいえるが、ひとたび大災害が発生すれば、支援金の拡大こそ不可欠で、それが被災地の復興をいち早く軌道に乗せることにもなる。

熊本地震では14日の前震発生以降も連日、最大震度5強の揺れが続き、10万人近くが現在も自宅に戻れないでいる。食料や水はようやく届き始めたものの高齢者や障害者に対する専門的ケアや、大きな余震を恐れて狭い車中泊を続け、体調を崩すエコノミークラス症候群に対するケアも手付かずに近い状態にある。

強い揺れで災害ボランティアセンターの開設が遅れていることもあって、各地から駆け付けたＮＰＯは一部を除き県外で待機状態となっているが、余震が終息すれば活動も本格化する。被災地の必要物資を再点検して全国から募り、各被災地に的確に届けられる態勢や、ＮＰＯ団体が効率的に活動できる拠点施設の整備も急務となる。

民の活動へ多くの善意を

強い揺れが何度も重なった被災地では、熊本県だけで倒壊家屋が３０００棟を超えたと報じられているが、家屋の片付けや泥土の排出・清掃などは自衛隊や警察、消防の活動対象外。ＮＰＯや災害ボランティアに頼るしかない。そうした民の活動を支えるのが支援金であり、熊本地震で民の活動が本格化する今こそ、多くの人の善意を支援金に寄せてほしいと思う。

日本財団は東日本大震災でＮＰＯなど計６９５団体に7億円を支援し、被災地の復興に一役買った。熊本地震でも1団体当たり１００万円を上限に活動資金を支援する方針だ。

寄せられた支援金はすべてＮＰＯや災害ボランティアの活動資金に充て、不足した場合は、将来の災害に備えて２０１３年に独自に立ち上げた災害復興特別基金を充てる考えでいる。

支援金は「赤い羽根」で知られる中央共同募金会などにも受付窓口が設けられているが、歴史的に言えば義援金に比べ明らかに後発で、いまひとつ国民に浸透していない現実もある。ＮＰＯ活動を活発化させる一方、支援金の使途に対する説明責任を徹底し、活動実績のない名ばかりのＮＰＯが多数存在する現状を早急に見直し、ＮＰＯに対する信頼を高める工夫や、寄付金を希望する団体が、義援金、支援金のどちらを求めるのか、あらかじめ明示するような方法も検討する必要があろう。

国民へいっそうの浸透を図れ

わが国は災害復興も官と民が共同して進める時代を迎えている。支援金は寄付を通じて国民が復興に参加する形とも言え、民の活動を活発化させる上でも、その存在はもっと重視されていい。近年は専門知識を身に付けたＮＰＯも多く、国や自治体との連携を進めることで、新しい社会を切り開く力も増す。

ただし、民の活動を活性化するには、資材や備品からメンバーの生活を支える手当まで豊富な資金が欠かせない。義援金に偏った現状は、被災者個人に対する支援と被災地全体の復興を両立させる上でも、やはりバランスを欠く。

少なくとも義援金と支援金が同等の重みを持って社会に迎えられることが必要と考える。そうした認識が広く国民に共有されたとき、わが国の災害対策にも新たな可能性が出てくる。

遺言で新たな社会貢献の決意を

二〇一七年二月九日

遺言書の作成は遺産相続に伴うトラブルを低減させるだけでなく、人生を見つめ直す格好の機会となる。しかし残念なことに、わが国では寄付と同様、遺言文化も低調である。

必要性を認める人は60％

一方で人口の4人に1人を65歳以上が占め、さらに少子高齢化が進む現代は、1人でも多くの高齢者の社会参加が、次世代の負担を軽減するためにも欠かせない。

高齢者の社会参加を促すきっかけとして本年から1月5日を「遺言の日」と決め、広く遺言の普及・拡大を呼び掛けたく考える。

日本財団が昨年3月、全国の40歳以上の男女約2500人を対象に行った意識調査では、61％が遺言書を残す必要性を認めた。しかし実際に遺言書を作成していた人は3・2％にとどまった。

「遺言は紳士のたしなみ」の言葉もある英国では、75歳以上人口の80％以上が遺言書を作成し遺言が文化として定着している。だからといって日本に遺言文化の下地がなかったわけではない。奈良時代の養老律令には遺言制度に関する記述があり、中世も庶民の間では遺言相続の慣行があった。

しかし江戸時代の家父長的な家制度、さらに長男1人が戸主の地位や全財産を引き継ぐ明治以降の家督相続制度によって、遺言文化は下火になった。

1947年の民法改正で家督相続は均分相続制度に変わったが、「老いた親の老後の面倒や家を継ぐのは長男」といった形で、今もその影響が残り、遺言文化が普及しない一因となっている。

とはいえ公証人の助言を得て作成される公正証書遺言でみると2014年は約10万5000件（日本公証人連合会調べ）と10年間で1・5倍に伸びており、遺言に対する関心は徐々に高まりつつある。

昨年末、実際に遺言書を作成した40歳以上の男女200人に、対象となった資産額を聞いたところ、5000万円超が61人、1000万〜5000万円が64人、1000万円未満が75人。遺言書の作成は金持ちや資産家だけでなく、ごく一般の家庭にも広がりつつある。

単なる財産分配ではない

7割以上は遺言書の存在を家族に知らせ、「今後の生活や家族・親族間に相続争いが発生する不安が減った」と答え、希薄となった親子関係を再確認し、遺産相続をめぐる不要なトラブルを減らす効果も出ている。

少子化の進行で法定相続人がいない人や遺産を公益性の高い団体などに譲渡し社会課題の解決に役立てる遺贈寄付も増え、受け皿となる組織も整備されつつある。

われわれが昨春、開設した遺贈寄付サポートセンターにも69歳で亡くなられた女性から、「世界の恵まれない子どものために」と1億5000万円の遺贈寄付があり、全額、ミャンマーでの障害児支援施設の建設に活用された。

以上が、わが国における遺言の現状であり、全体に望ましい方向に向かっていると思う。

しかし本稿では、遺言書の作成に、単なる財産の分配ではなく、新たな社会貢献の決意という、より大きな役割を期待したい。死後に遺《のこ》す本人の思い（遺言）を書面にまとめる厳粛な作業を通じて過去を振り返り、残る時間を有意義に過ごす覚悟を固めれば、実りある終活にもつながる。

わが国は20年後、3人に1人が65歳以上の超高齢化社会を迎える。大半が70歳前に現役を引退する現在の形で、次世代が高い社会負担に耐えられるとはとても思えない。

高齢世代が戦後の日本の繁栄を担ったのは間違いないが、その一方で国債や借入金など「国の借金」も国内総生産（GDP）の2倍近い1050兆円に膨らんでいる。放置すれば次世代の負担はさらに膨張し世代間の対立も深まる。これを乗り切るには、高齢者が可能な限り社会活動に参加し、その一端を担うしかない。

次世代の負担を軽くする

もちろん受け皿となる制度や仕組みの整備は欠かせない。しかし何よりも必要なのは、高齢者一人一人の自覚と覚悟である。

高齢者による高齢者の介護や子供の貧困支援など社会貢献の場はいくらでもあり、そうした努力が次世代の負担を軽くする。

本稿では遺言を題材に超高齢化社会における高齢者の生き方を論じている。違和感を覚える向きがあるかもしれないが、超高齢化社会に対する不安はそれほど深刻であり、よほどの決意がない限り乗り切れない。

人類にとって未知の体験であり、それ故に国際社会も高齢化の最先端を走る日本が今後どういう社会を作るか、注目している。

日本老年学会は先に「高齢者は体力、知的能力だけでなく身体能力も10年以上、若返った」として、現在65歳以上の高齢者の定義を75歳以上に見直すよう提言している。

高齢者に対する社会参加の呼び掛けに他ならない。ひとりでも多くが、そうした決意を固める場として遺言書の作成に臨まれるよう、あらためて呼び掛ける。

「職親」の主役担うのは中小企業

二〇一七年六月五日

企業が職を通じて親代わりとなり、刑務所出所者や少年院出院者の社会復帰を促す「職親《しょくしん》プロジェクト」がスタートして5年目。法務省など「官」との連携も進み、職親の言葉が犯罪白書にも載るようになった。

5月上旬には新潟県上越市に地元企業11社が参加して全国5番目の拠点も立ち上がり、試行錯誤を重ねながら、着実な広がりに手応えを感じている。

出所後の手厚いケアが鍵に

プロジェクトに関わって、不幸な生い立ちから愛情に飢えている出所者が多いのに驚く。彼らの立ち直りは、信用できる雇用主の存在があって初めて可能になる。大企業にこうした濃密な人間関係を求めるのは組織的にも難しく、職親には中小企業こそふさわしい、と実感する。

中小企業はわが国の企業の99％、３８０万社に上る。職親が増えれば無事、社会復帰する出所者も確実に増える。情熱を持った企業の参加を強く求めたい。

２０１６年版犯罪白書によると、出所者のうち過去最高の48％が再犯に走り、職のない出所者の再犯率は有職者に比べ３・４倍に上っている。出所後、新たな犯罪に手を染め刑務所に戻る率は２年以内が19％、５年以内が39％。

職があっても昔の仲間の元に戻るケースや店の金に手をつけ姿を消す出所者も多く、入所中だけでなく、出所後のケアをどう手厚くするかが再犯を減らす鍵となる。

これに対し政府は13年、「世界一安全な日本」創造戦略を閣議決定し、出所者の「仕事（職）」と「居場所」の確保に向け、東京五輪が開催される20年までに出所者を雇用する企業を３倍にする目標を打ち出した。昨年には刑務所や少年院の出所・出院予定者の年齢や資格、職歴などをデータベース化し、企業の問い合わせに応じる法務省矯正就労支援情報センター（コレワーク）をさいたま、大阪両市に設立した。

雇用主の強い決意が自覚促す

国の契約雇用主制度には現在、大手企業を中心に約１万６０００社が登録、経済界の支援で実質的な受け皿となる全国就労支援事業者機構も整備されている。だが、実際に雇用された出所者は約１４００人にとどまり十分機能しているとは言い難い。

これに対し職親プロジェクトでは、先行した大阪、東京、福岡、和歌山の計67社で79人が就労を体験、36人が半年間の研修を終了し、16人（20・２％）が現在も雇用を継続している。同種データはほかになく意見は分かれると思うが、20％の出所者が研修終了後も職場にとどまっている意味は大きい。プロジェクトでは、雇用主は出所者を雇っている事実を、出所者は前歴を明らかにするのを原則としている。それが企業と本人の責任と自覚を高め、社会の理解につながるとの判断だ。

こうした対応は、オーナーが強い決意を持つ組織において初めて可能になる。プロジェクトの中核的存在である、お好み焼き「千房」（本社・大阪市）の場合は、中井政嗣社長の強い決意で職親の先駆者となった。

現に67社の大半はオーナー経営の中小企業で占められ、新たにスタートした上越市のように、過疎が進む中山間地を舞台に地域ぐるみで再犯防止と地方創生を目指すプロジェクトもある。

プロジェクトでは法務省や厚生労働省、職親企業やＮＰＯなどが参加する連絡会議も発足し、問題点や取り組みを協議している。

法務省の矯正行政は入所中の改善・更生を柱にしており、出所後に目配りした対応には限界がある。それでも、われわれが強く求めたモデル刑務所の設置が、全国8つの矯正管区のうち3カ所で実現することになった。社会の幅広い理解に向け、先駆的な試みが検討されることになる。

新たな官民協力の形に発展も

今後は、入所直後から出所時を想定して社会復帰に向けた基礎学力から社会常識、さらに必要な技術を身に付けさせる方法や、入所者の特性や希望と、採用を考える企業側の条件を早い段階で付き合わせ、内定すれば入所中から職種に合わせた訓練を行うような工夫も必要になろう。

官民が協力することで、これまでは不可能だった試みも可能になる。他地区でも職親プロジェクト設立の検討が進められているほか、新たに上場企業が参加する動きもある。

出所者が安定して職に就けば本人の生活は安定し国の社会負担も減る。中小企業の慢性的な人手不足も緩和され、近江商人の格言ではないが「三方よし」となる。出所者の就労が定着し、社会の理解が進めば、ＣＳＲ（企業の社会的責任）を意識して前向きの姿勢に転ずる大手企業も出よう。

極めて難しいテーマだが、新しい官民協力の形も見えつつあり、再犯防止推進法に基づく各省庁の具体策も年内にはまとまる見通しだ。成功モデルとして発展させることが、山積する社会課題の新たな解決策にもつながる。

災害対策の基本は「自助」にあり

二〇一七年一一月三〇日

「備えあれば憂いなし」の格言は、何よりも平時の心構えを説いた言葉と理解している。然《しか》るに最近、東日本大震災の被災地では自治体が防災訓練への参加者を集めるのに苦労し、防災に関する各種調査では防災グッズや食料を備える人が大幅に減少している、と報じられている。

防災意識の希薄化が目立つ

東日本大震災から6年9カ月、熊本地震から1年7カ月しかたっておらず、首都直下型地震や南海トラフ大地震はいつ起きても不思議ではない情勢にある。加えて今年も九州北部豪雨をはじめ甚大な自然災害が相次いだ。

災害から最終的に自分を守るのは自分である。災害大国・日本でそうした自助の精神がかくも希薄になっているのは、どうしたことか。先の総選挙では災害対策を公約に掲げる党も見当たらなかった。わが国の防災、とりわけあらゆる機能が一極集中する首都圏はこれで大丈夫なのか、不安が尽きない。

「備えあれば憂いなし」の言葉は、中国春秋時代の思想家・孔子が編集した史書「春秋」の注釈書「春秋左氏伝」にあり、前段には「居安思危」（安きに居りて危うきを思う）、「思則有備」（思えば則ち備え有り）とある。平安無事のときにも危難に心配りをすればそれ自体が備えとなって、いざというときに慌てずに済むと説いている。自助こそ第一の教えだ。

しかし、各種調査結果を見るといずれも大災害に対する防災意識が低下している。中には２０１４年当時、太平洋岸各県の大半で80％を超えた「２日分以上の食用品」を備える割合が３年後の今年、高知県など一部を除き50～70％未満に落ち込み、自宅で防災グッズを準備する人も68％から30％も激減した、との報告もある。

先に東京都内で開催された日本財団ソーシャルイノベーションフォーラムの分科会「災害大国ニッポン」に出席した川勝平太・静岡県知事は、南海トラフ大地震に備え浜松市の遠州灘沿いに高さ13メートルの防潮堤の建設を進めていることを報告する一方で、「災害は忘れたころにやってくる」と常に危機意識を持つ必要性を強調した。また大西一史・熊本市長は「行政がいくら努力しても住民を完璧に助けられるということは有り得ない」と自助の重要性を指摘した。

近代都市に抱く「甘い見通し」

筆者は6歳の時、10万人を超す人が死亡した1945年3月10日未明の東京大空襲を経験した。住んでいた浅草周辺は米軍のB29編隊から投下される焼夷《しょうい》弾で一面が火の海となり、高熱で寝込んでいた母の手を引き上野の山を目指した。

逃げる人や荷車で道路が大混乱する中、母が動けなくなり、延焼を免れた自転車店で水をもらって一晩泊めてもらい助かったが、翌朝、自宅に戻ると全てが丸焼け。遺体安置所となった東本願寺で、大勢の犠牲者に交じって知人のおばあさんが孫を抱いて死亡していた光景は今も忘れられない。

その東京は戦後の廃墟《はいきょ》から一転して高層ビルが立ち並ぶ超近代的な都市に一変した。「木造家屋の減少で大震災時の火災発生の恐れは低下した」「一番の問題は帰宅困難者対策」といった声も聞こえる。しかし、悲惨な東京大空襲を体験した筆者には「あまりに甘い見通し」に見える。

車をはじめ火災発生源は多く、東日本大震災では巨大津波で船舶燃料用重油タンクが倒壊、水面に広がった重油に引火し大火災となった宮城県気仙沼市の例もある。

地震でなくとも、スーパー台風で東京湾に高波が押し寄せ100万人が暮らす江東区、墨田区など荒川流域で大規模な浸水が起きれば、ウオーターフロントに林立する高層住宅のエレベーターは止まり、上層階に暮らす人はどうするのか、人ごとながら心配になる。

首都直下地震の被害対策を検討する有識者会議は13年、マグニチュード（M）7級の地震が30年以内に70％の確率で起き、最悪の場合、2万3000人の死者、95兆円の経済被害が出るとの予測を発表している。しかし発生時間や天候などさまざまな要素を考えると、現実にどのような混乱が起きるか、不確定要素が多い。

「想定外」の弁明は通用しない

筆者のような高齢世代は幼時に「人生に一度は死ぬ思いをすることがある」と言われて育った。常に災害に直面するこの国に生きる以上、自分の命は自分で守るしかない。首都圏には高齢者に比べ防災意識が薄い若い世代が多く住む。そのためにも繰り返し住民に自助の心構えを呼び掛けていく必要がある。

もちろん行政には、防災対策の強化が求められる。その上で、自助と皆で助け合う共助、国や自治体の公助がかみ合って初めて被害を最小限にとどめることが可能になる。東日本大震災や阪神淡路大震災（1995年）など度重なる大震災の経験からも、「想定外」の弁明はもはや、通用しない。

小池百合子東京都知事にも、東京五輪・パラリンピックの成功と合わせ災害対策の一層の強化を望みたい。

内部留保を「CSR」に活用せよ

二〇一八年一〇月二三日

財務省が先に公表した法人企業統計によると、2017年度の日本企業の内部留保は446兆円と6年連続で過去最高を更新し、企業が利益を抱え込む構造が依然続いている。欧米各国に比べ労働分配率（賃上げ）や株主への配当率、国内投資も低く、個人消費が低調で「経済の好循環」が実現しない一因ともみられ、企業に賃上げや設備投資を促す方策として「内部留保課税」を検討する動きも出ている。

日本経済の活性化を奪う

しかし、内部留保は課税後に積み立てた利益剰余金であり、「二重課税に当たる」とする反対論も根強い。そんな中、ハンセン病制圧活動で毎年、訪れるインドでは、企業にCSR（企業の社会的責任）活動を義務付ける世界でも珍しい法律が施行されている。内部留保を有効活用する妙案として、わが国でも検討に値すると考える。

内部留保は途上国経済の減速を懸念して欧米各国でも増加傾向にある。しかし、わが国の場合は企業投資も国内より海外に偏る傾向にあり、賃金も上昇しているものの企業が生み出した付加価値に占める割合を示す労働分配率でみると、17年度は66・2％と43年前の水準に逆戻りしている。

企業の国際競争力維持に向けた法人税率の引き下げも加わり内部留保が一層膨張し、現預金に限っても国内総生産（GDP）の約40％にも相当する222兆円に上る。先進7カ国（G7）でも例を見ない数字で、企業が過剰な現預金を抱える現状が日本経済の活性化を奪っているとの指摘も多い。

経済界からは「内部留保は経営に自由度を与える源泉」（16年、日本商工会議所・三村明夫会頭）といった反論も出ているが、「そんなにためて何に使うのか」「企業収益が上がるのは良いことだが、設備投資や賃金が上がらないと消費につながらない」（麻生太郎副総理兼財務相）といったいらだちも聞こえる。

インドは利益の2％義務付け

これに対しインドでは、13年に改正された新会社法で、「純資産が50億ルピー以上」「総売上高が100億ルピー以上」「純利益が5000万ルピー以上」の3要件のうち1つ以上を満たす会社に上場、非上場を問わず過去3年の平均純利益の2％以上をCSR活動に費やすよう義務付けている。

「飢餓および貧困の根絶」「子供の死亡率減少」などCSR活動の具体的内容も定められ、現地日系企業も含め16年時点で約1500社が計約830億ルピーを医療や衛生など幅広い分野に費やしている。為替レートで換算すると、5000万ルピーは7700万円、830億ルピーは1278億円となるが、インド経済の躍進で対象企業は急速に広がる気配だ。

わが国が経済の好循環を達成するためにも膨大な内部留保はまず賃上げや配当、投資に充てられるべきであろう。その上でインドと同じ2％をCSR活動に回すことができれば、現預金に絞っても5兆円近い額になり、山積する社会課題の解決に大きく貢献できる。国の借金が1000兆円を超すわが国は今後の公的財政投資に限界があり、なおさら効果は大きい。

求められる「社格、社徳」

インドの企業がCSR活動に前向きな背景には「自分の資産などを貧しい人々やお寺などに寄付すれば幸福になれる」とするヒンズー教の教えがあり、タタ財閥などでは新会社法の制定以前から慈善活動や社会貢献活動に熱心に取り組んできた伝統があるという。

米国にも「Give Five」の掛け声の下、企業が税引き前利益の5％を公益的な寄付に拠出する取り組みがあり、筆者は1989年、新聞投稿で米国の取り組みを紹介、企業に積極的な公益的寄付を呼び掛けたことがある。

これに対し経団連は翌年、「1%（ワンパーセント）クラブ」を設立。現在、法人226社、個人850人が会員となり、それぞれ経常利益や可処分所得の1%以上を社会貢献活動に拠出している。

現時点では十分、期待に応えているとは言い難いが、わが国には江戸初期から続く近江商人の「三方よし」（売り手よし、買い手よし、世間よし）に代表される社会貢献に熱心な企業風土がある。CSR元年と呼ばれた2003年から15年と欧米に比べ歴史は浅いが株主利益最優先の欧米系企業と違い、従業員や顧客、地域社会まで幅広いステークホルダー（利害関係者）を大切にする伝統もある。

国の財政が逼迫《ひっぱく》する中、企業には税金を納めるだけでなく深刻化する少子高齢化や地方創生、障害者雇用、里親制度の拡充など社会課題解決への積極的な取り組みが求められている。人に人格、人徳があるように企業にも一層の「社格」や「社徳」が求められる時代となった。

内部留保をどう使うか、最終的な判断は企業の決断に委ねられるが、CSR活動への積極的な取り組みは間違いなく企業に対する国民のイメージを好転させ、企業・経済界の発展、ひいては景気の上昇にもつながる。

医大入試の男女別枠は是か非か

二〇一九年二月二一日

医学部不正入試をめぐり昨年12月、個人ブログに「天下の暴論か?」と題して各大学医学部の定員をあらかじめ「男子〇名、女子〇名」と決め、それぞれ成績順に合格者を決めたらどうか、私見を記したところ、賛成、反対を含め多数の意見をいただいた。

皮膚科や眼科に偏る女性医師

合否判定が募集要項に即して厳正に行われるべきは言うまでもなく、女子や浪人生を不利に扱った各大学の対応を肯定するつもりはない。しかし、急速な高齢化で医師不足が深刻化する中、女性医師が皮膚科や眼科などに偏る現実を前にすると、外科や救急などハードな医療を維持していくには、どうしても多くを男性医師に頼らざるを得ない現実がある。

厚生労働省の「医師・歯科医師・薬剤師調査」によると、2016年の日本の医師数は約31万9500人。女性医師は約6万7500人で全体の21・1%に上る。全国の病院で働く医師の性別を診療科別に見ると、女性医師のトップは皮膚科が54・3％。産婦人科、眼科、産科などが40％台前半で続き、外科は乳腺外科など一部を除き1桁台。男性医師に比べ診療科の広がりが欠ける傾向にある。

医師不足が進む地域医療が、医師の献身的な努力でようやく成り立っている現実が指摘されて久しい。昨年6月に成立した働き方改革関連法では医師の残業規制が適用除外となり、厚労省はその後、地域医療に携わる勤務医の残業上限時間を年1900〜2000時間とする案を示している。一般労働者の2倍を超す数字で、もともと地域医療への女性医師の進出は少なく、当面、地域医療の多くは男性医師頼みの状況にある。

こうした現実を受け、「試験結果だけで判定すると女性医師ばかりが増え、地域医療や救急医療が崩壊しかねない」と危惧する医療関係者の声も耳にした。男性より女性が成績上位を占める傾向は医学部に限らず一般企業の入社試験でも顕著、小論文や面接で加点して男性社員の採用を増やすケースが多いと聞く。「医学部入試でも同様の対応がなされ、医学部関係者にとって不正入試は、ある意味で常識だった」との声もある。

「地域枠」は地元出身を優遇

それならば、当面は男性医師に多くを頼らざるを得ない医療現場の実態を広く説明した上で、最初から男性の定員枠を女性より多めに設定する方法もあるのではないか。筆者の提案は深刻な医師不足を前にした〝応急策〟の色合いが強いが、医療の現状を前にすれば国民の理解を得られる余地も大きいと考える。

地域の医師不足解消に向け１９９７年に札幌医科大、兵庫医科大で始まった「地域枠」も、地域医療に従事する意思のある地元出身者を優遇する点で、形の上では「機会均等」「公平性」を欠く。一般入試に比べ入試偏差値もやや低い傾向にあるようで、国家試験合格後、９年間、地元の医療機関で働けば奨学金の返済を免除するなどの優遇措置も採られている。

２０１７年度には71大学、全医学部定員の18％、１６７４人分までに広がり、札幌医科大のように定員１１０人のうち90人を地域枠が占める大学もある。政府の後押しもあるが、特段の批判が出ないのは、それだけ地元住民が地域医療の確保を強く求めている、と言って過言ではない。

日本の女性医師の比率は経済協力開発機構（ＯＥＣＤ）加盟36カ国の中でも最低水準にあるが、２０００年以降２０１６年までに比率は６・７ポイント、人数も3万人以上増えた。医師国家試験の合格率も、２０１８年は男性の89・１％に対し女性は92・２％と女性が男性を２〜３％上回る傾向が続いている。女性医師は今後も確実に増える。

問題とすべきは将来の医療確保

要は20年、30年後に医療を少しでも健全な形で引き継ぐには何が必要か、換言すれば、人口が減少する縮小社会の中で高齢者を中心に急増する医療需要にどう応えていくか、という問題である。院内保育や短時間勤務制度など女性医師が子育てを両立できる職場環境や男性が育児や介護、家事に参加する社会環境の整備が進めば、多くの女性医師が30歳代で離職する事態も緩和される。

外科や内科などへの女性医師の進出も間違いなく増え、多くの診療科で男性医師と女性医師のバランスが取れるようになるには、男女平等の本来の入学試験に戻れば済む。

繰り返して言えば、入試要項で男女平等を謳《うた》いながら、現実の入試で差別をした各大学の姿勢が厳しい批判にさらされ私学助成金のカットを招いたのはやむを得ない。メディアの報道も不正入試を追及するあまり、医療の課題や将来に向けた問題提起が二の次になった感が否めない。

少子高齢化の中で国民の医療をどう育んでいくか、世界共通の課題である。最先端を行く日本が医師の育成を含め、今後の医療にどう取り組んでいくか、世界が注目している。報道関係者には新しい時代の国民医療の在り方について実のある提案を望みたい。

「公益資本主義」の実現を目指せ

二〇二〇年二月二八日

欧米型の株主資本主義が世界を席巻する中、公益資本主義に対する関心が高まっている。株式資本主義、中国型の国家資本主義とも違う新しい形の資本主義で、財務省参与などを務めた実業家・原丈人氏が２００７年に『21世紀の国富論』（平凡社）で提唱した。

株主の利益を最優先する株主資本主義と違い、株主や従業員、顧客、取引先はもちろん地域社会、国もステークホルダー（利害関係者）と捉え、全ての幸せを目指す。日本社会の経営理念となってきた「売り手よし、買い手よし、世間よし」の「三方よし」にも繋《つな》がる考えだ。

内部留保は過去最大を記録

しかし、グローバリズムが世界に広がる中、日本でも株主資本主義に追随する動きが強まり、格差が急速に拡大してきた。そんな傾向を如実に示しているのが、企業の内部留保と従業員の賃金の関係。財務省の法人企業統計によると、18年度の企業の内部留保は４６３兆円と7年連続で過去最高を記録した。

これに対し、経済協力開発機構（ＯＥＣＤ）が公表した日本の労働者の時間当たりの賃金は１９９７年に比べマイナス８・２％、物価上昇分を差し引いた実質賃金もマイナス10％と先進国の中で唯一減少し、消費が大きく落ち込む原因にもなっている。

関連して東京商工リサーチの調査によると、１億円以上の役員報酬がある企業は２８０社、報酬を受け取った役員は計５７０人（２０１９年3月期決算）といずれも過去最高を記録。役員報酬と従業員賃金との格差も4年連続で拡大し、18年度は4・2倍になった。

加えて１９８６年に施行された労働者派遣法の数度にわたる改正で派遣労働の可能な業種が大幅に増え、正社員に比べ賃金水準が低い非正規従業員の割合も増加。総務省の労働力調査によると、２０１９年の非正規従業員は２１６５万人。全雇用者の38・3％を占め、１９９７年の23・2％から15ポイント以上増えた。正社員と非正規従業員の格差が一層、拡大したばかりか、全体的な賃金が抑制される結果にもなった。

賃金引き上げに緩慢な経済界

日本企業の役員報酬は欧米に比べ安いとされ、それが上がることに異論はない。しかし、内部留保が、毎年のように過去最高を記録しながら、役員の報酬が上がる一方で、従業員の賃金が伸び悩み、先進各国に比べ大きく落ち込んでいるのはどうしたことか。

内部留保は株主への配当や設備投資、従業員賃金の引き上げに活用されるのが本来の姿だ。残念ながら経済界の動きは、政府の協力要請にもかかわらず労働者への還元（賃金引き上げ）、新規投資とも緩慢だ。少子高齢化・人口減少に伴う総需要の落ち込みや2008年のリーマン・ショック時のような混乱を意識した慎重な姿勢ともみられるが、それでは企業としての責任を果たしたことにならない。

一代で松下電器（現パナソニック）を築き、〝経営の神様〟と呼ばれた松下幸之助は「事業は人にあり」と人材育成の重要性を説き、明治から大正にかけて実業界で活躍し、〝日本資本主義の父〟と呼ばれる渋沢栄一は「利益を求める経済の中にも道徳が必要」と道徳経済合一説を唱えた。人を大切にし、社会のために徳のある経営に積極的に取り組むのが企業の使命であり、長い歴史の中で培われた日本の伝統であるはずだ。

大企業には4月から「同一労働同一賃金」が適用される。経済界にはあらためて、正社員と非正規従業員の格差是正も含め前向きな取り組みを求めたい。内部留保は法人税を支払った後の利益であり、さらなる課税は「二重課税になる」「企業の海外流出を招きかねない」といった慎重論も根強いようだが、このままでは内部留保課税の新設を求める意見が説得性を持つことになる。

危機感は欧米でも広がる

過度の格差や深刻な環境問題を生んできた株主資本主義に対する危機感は欧米でも高まっている。毎年1月、スイスで開催される世界経済フォーラムの年次総会（ダボス会議）を前に、国際非政府組織「オックスファム・インターナショナル」は「世界の富豪上位2153人が2019年に独占した資産は、世界の最貧困層46億人の資産を上回った」と衝撃的な報告をした。このような歪《いびつ》な社会が続くとは思えない。

当のダボス会議も資本主義の再定義が主題となり、従業員や社会、環境に配慮するステークホルダー資本主義への転換を求める声が強く出た。株主資本主義が世界を覆う中で、日本は他国に比べれば、なお安定した雇用を維持している。人の心を大切にし、社会の調和を求めるわが国こそ、株主資本主義の見直しの先頭に立つべき立場にある。

公益資本主義がその目標の一つとなる。経済界の総本山である日本経済団体連合会（経団連）が今こそ経済界の先頭に立って積極的な取り組みをされるよう求めてやまない。

「子供2人の夢」に政府は応えよ

二〇二一年四月二七日

「自由に子供を持ち、育てられる」とした場合に女性が理想とする子供数は「2人」――。長期化する新型コロナ禍で1人の女性が15歳から49歳までに産む子供の数の平均を示す合計特殊出生率（以下、出生率）の大幅落ち込みが懸念される中、日本財団が年明けに、少子化に直面する欧米や東アジアの計8カ国を対象にした女性調査でこんな結果が出た。

出生率はさらに落ち込む

「子供を少なく産んで大切に育てる」文化が定着しつつあるといわれるが、環境を整備すれば出生率を改善できる余地が十分あることを示す数字と思う。少子化が急速に進む中、年金や医療、介護、教育など社会の基幹システムを現状のまま維持するのは極めて難しい。拙速な見直しを避けるためにも出生率を少しでも改善する必要がある。詳細は専門家に委ねるが、日本を中心に調査結果を紹介し、問題提起させていただく。

調査はフランス、イタリア、スウェーデン、デンマーク、米国、中国、韓国、日本の18～69歳の女性各500人に自国の少子化に対する問題意識や必要な対策などを、それぞれの母国語で聞いた。2018年データで見ると、出生率は最も高いフランスで1・88。韓国は2020年に0・84まで下がり、世界最低を更新、日本はコロナ禍の影響で2019年の1・36からさらに落ち込むとみられている。

理想の子供数に併せ質問した「夫婦にとって望ましい子供数」も各国の1位はやはり2人だった。特に日本は理想数の全体平均値が2・4人と8カ国中、最も高くなっている。8カ国の中でも特に出生率が低い韓国、イタリア、日本では、7～8割が自国の少子化の現状に「問題あり」と指摘。「高齢世代を支える若者世代の負担が過大となる」「公的医療や社会保障制度の財源が厳しくなる」と懸念を表明している。

社会は現役世代（15～64歳）が高齢世代を支える形で成り立っている。戦後間もない1950年、日本では65歳以上の高齢者1人を現役世代12・1人で支えた。少子高齢化の進行で2015年には2・3人となり、65年には1・3人になると推測されている。

若者世代の過大な負担懸念

1200兆円超に膨らんだ国の借金も含め、若者世代に圧し掛かる負担は確実に大きくなる。これを受け前述の3カ国では「自国は子供を育てやすい国と思うか」の問いに7割以上が「そう思わない」と答え、日本では若者世代の過大負担を心配する声が8割を超えている。

各国とも、少子化対策としてフレックスタイム制やテレワークなど働きやすい環境の整備や出産・子育て費用に対する公的支援を求める声が目立つ。スウェーデンやデンマークでは子供手当など経済支援のほかに働きながら子供を産み、育てる環境を整備することで一時期、1・5前後まで落ち込んだ出生率を1・8前後まで回復させている。人口が静止状態となる人口置換水準（日本の場合は2・07）まで出生率を回復させるのは無理としても、同様の環境を充実させることで、政府が目標とする希望出生率1・8の実現は不可能ではないと思う。

子供を持つことと結婚の関係でも興味深いデータが得られた。欧州4カ国ではほぼ8割が「結婚は子供を持つ場合の前提条件とはならない」と〝婚外子〟を広く認めたのに対し、中国、日本、韓国は逆に60％前後が「なる」と回答。西洋と東洋の文化の違いとも言えるが、この点が未婚率の上昇、晩婚化とも関係し、出生率低下の一因となっている気がする。

特に日本は、婚外子を認める回答は14％と8カ国の中でも最も低い。半面、50歳時点で一度の結婚経験もない人の割合（生涯未婚率）は２０２０年、男性26％、女性17％に上り、並行して晩婚化も進んでいる。結果、第1子の出産年齢も30・7歳（16年）と高く、その分、一人っ子が増える形となっている。経済面も含め、若いうちに家庭を持てる社会環境の整備が急務となる。

このほか、少子化に伴う労働力不足解消に向けた移民を前向きに評価する声も日本は一番低く、逆に「まず自国で出生率の増加などを図るべきだ」とする声が8割超と8カ国中、最も高い数字となっている。政府の少子化対策に対する評価も一番低い。それだけ政府に対する期待が大きいといえるかもしれない。

子供は次代を担う国の宝

コロナ禍の収束が見えてくるのは、まだ先になりそうだ。世界の死者は約300万人を超え、事業所の閉鎖や失業者の増加など経済の疲弊も著しい。ポストコロナは、日本にとっても世界にとっても大変な時代になる。子供は次代を担う宝である。少しでも多くの子供を健全に育てていくことが、最大の政策課題となる。政府が設置を検討中の「こども庁」(仮称)の一番の役割も、この点に置かれるべきである。世界の最先端を切って少子高齢化が進む日本が、どのような対策を取るか、国際社会も注目している。

日本国憲法は「文化財」にあらず

二〇二一年五月二一日

74回目の憲法記念日を迎え、メディア各社が実施した世論調査で、憲法改正に賛成する意見が軒並み上昇、反対意見を上回った。緊急事態条項創設に関しても、必要とする意見が急上昇し、昨年を大きく上回った。

中国の軍事大国化や北朝鮮の核武装など厳しさを増す安全保障環境に加え、新型コロナウイルス禍で外出自粛や休校など日常生活が大きく制約される中、憲法とどう向き合うか、考える人が増えたのが原因と思う。

決めるのは主権者国民の総意

憲法は国の基本であり最高法規である。改正するか否かを決するのは主権者たる国民の総意である。然《しか》るに、これまでの憲法論議は「戦争の放棄」を定めた第9条を中心にイデオロギー論争の色彩が強過ぎた。今、必要なのは国民的議論の広がりである。

そんな思いで4月、憲法の理念をうたう「前文」をどう見ているか、日本財団の18歳意識調査で次代を担う17〜19歳1000人に聞いてみた。まず前文を読んだことがあるか。「ある」と答えたのは4割、残り6割は「読んだことがない」、「覚えていない」だった。内容に関しても8割超が「分かりにくかった」、「分からない点がある」と答えた。

学習指導要領は小学校6年、中、高校の社会科授業で憲法を取り上げるよう定めている。調査対象者は比較的最近に学習した層に当たる。数字を見る限り、そうした若い世代においてなお、憲法の存在感が希薄な感じを受ける。

以下は私見を述べさせていただく。前文には国民主権、基本的人権の尊重、平和主義のほか代表民主制、国際協調主義など日本国憲法の基本原則が盛り込まれ、11章103条から成る条文解釈の指針、基準とも解説されている。尊重すべきは言うまでもない。

時代状況は大きく変わった

同時に未来の国づくり、ビジョンを示すのが憲法である。前文にも時代の変化が反映される必要がある。現憲法は大戦直後、昭和22年当時の社会状況を背景としており、70年余を経て社会の構造や価値観、日本を取り巻く国際情勢は大きく変化した。

当時は米ソ2大国の対立が激化しようとしていた。核保有国が拡散し、米中両国が覇権を争う現代とは違う。自然災害の巨大化をもたらす地球温暖化も今ほど深刻ではなかった。もちろん現在のような感染症のパンデミック（世界的大流行）の渦中にもなかった。ここまで社会が変わった以上、前文の手直しは必要と考える。

条文の検討が先決といった指摘も受けるが、例えば9条は、前文2段落目にある「平和を愛する諸国民の公正と信義に信頼して、われらの安全と生存を保持しようと決意した」を受けた条文とされ、前文を検討すれば、おのずと憲法全体の議論に進む。多くの指摘があるように、憲法は連合国軍最高司令官総司令部（GHQ）が作成した草案がベースとなった。このためか文章は翻訳調で極めて読みづらい。この際、分かりやすい日本語に改めるのも一考である。

緊急事態条項に関しても一言。南海トラフ地震や首都直下地震など巨大災害が何時《いつ》、起きてもおかしくない状況に備えるためにも創設を急ぐべきである。温暖化で今後、未知の感染症が発生する可能性が高まる、といった指摘もある。既存の危機管理法制で十分、対応できる、といった意見もあるようだが、阪神・淡路大震災（1995年）以来、被災地復興に取り組んできた経験から言えば、一層、迅速に対応できる法整備が急務である。緊急事態条項を創設することで必要な法整備も進む。

必要な緊急事態条項の創設

現下のコロナ禍をみても、緊急事態宣言の発令権限を国が持ち、休業要請など具体策は都道府県知事に委ねられている。二重構造が対応の遅れなど混乱を招いている気がする。政府の対応を批判するだけでは新型コロナとの戦いに勝てない。

繰り返しになるが、憲法の行方を決めるのは国民であり、国民参加の幅広い議論の醸成こそ最優先の課題である。社会には保守が現状維持を目指し、革新が現状変更を求めるイメージがある。しかし、憲法をめぐっては逆に保守が憲法改正、革新が護憲を主張するイデオロギー論争が長く続いてきた。素人には分かりにくく、議論に参加しにくい雰囲気もあった。

施行から70年以上経てなお一言一句の修正もない歴史を誇る向きもあるが、憲法は文化財ではない。人の手で作られた以上、時代の流れの中で不都合な点が出てくれば見直すのが当然と考える。

秋までには総選挙があり、コロナ禍と並んで憲法改正、とりわけ緊急事態条項の創設が大きな争点となる。改憲であれ、護憲であれ、多くの国民が憲法を自分事として捉え、議論することが憲法を生かす道につながる。

3年間もの継続審議の末、今国会でようやく可決・成立の見通しとなった国民投票法改正案も、そうした動きが盛り上がって初めて機能する。

「民」参加で新時代の共助社会を

二〇二一年七月一六日

社会は「自助」「共助」「公助」がバランスよくかみ合ったとき、最も安定するといわれる。戦後日本も、この国のよき伝統である共助がいたる所に存在し、機能してきた。

希薄になった共助の精神

しかし、近年、共助の気風が薄れ、戦後70年かけて築かれた日本の優れた伝統にも陰りがみられる。「政」の低迷や「官」の指導力の低下が指摘されて久しいが、豊かで平和な戦後社会の中で「民」が国や自治体の公共サービスに慣れ切り、共助の精神が希薄になったのが一番の原因と考える。

表裏一体の関係にある権利と義務のバランスが崩れ、権利意識が肥大化したのが一因と言っていい。国家とか愛国心といった言葉を敬遠する、諸外国には見られない傾向も根は同じと思う。

少子高齢化の進展で人口が減少する縮小社会では、社会全体が右肩下がりになるといわれる。いまだ収束が見えない新型コロナ禍による社会の疲弊も大きい。日本ではこれまで「政」が国の方針を決め、「官」（霞が関官僚）がそれを実践する社会づくりが続いてきた。今こそ「民」も参加する新しい国づくりが急務となる。

自助、共助、公助の言葉は阪神・淡路大震災（１９９５年）や東日本大震災（２０１１年）を機に主に防災面で使われ、近年は社会保障関係で頻回に登場している。「民」が「民」を助け、支え合う制度を共助、生活保護のような税金によるセーフティーネットが公助と定義されている。

国の財政悪化で公助にも限界

国民の老後を引き合いに戦後日本社会の変化を見ると、子供が親の面倒を見る「家助」や親戚や地域で助け合う「互助」は核家族化の進行や若者の流出に伴う地域社会の人口減少で急速に姿を消してきた。令和2年の日本人の平均寿命は男性が81・41歳、女性が87・45歳。伴侶と死別した後にも長い生活が続く。仮に老後の資産を十分、蓄えていたとしても、一人で生きていくことはできない。

国の財政悪化も半端ではない。３年度の当初予算は総額１０６兆円。財源となる税収は57

兆円、40％を超す43兆円を国債に依存する。財務省によると、国債と借入金などを合計した国の借金は今年3月末で１２１６兆円、ＧＤＰ（国民総生産）の２・２倍に達し、税収だけで予算をまかなう健全な財政運営には程遠い状況にある。これでは新時代に向け大胆な政策を打ち出すことはできない。

財政は国の根幹であり、本来なら党派を超えて健全化に取り組まねばならないテーマである。しかし、残念ながら「政」が本気で財政再建に取り組んできたとは思えない。この結果、消費税など税負担は欧州各国に比べ低いものの、社会保障も薄い社会となった。財政悪化に伴い、医療費の自己負担アップなど年金や医療制度の見直しも避けられない情勢にある。

重要な社会課題も山積する。例えば次代を担う子供対策。昨年、新たに生まれた子供の数は84万人。戦後間もない第１次ベビーブーム時代の３分の１以下に落ち込んでいる。そんな中、就学期の児童の７人に１人が生活困窮家庭で暮らす。日本財団では平成28年、多くの生きにくさに直面する子供の健全育成に向け「第三の居場所」プロジェクトを立ち上げた。

プロジェクトでは学校、家庭に次ぐ3番目の居場所を用意し、地域の若者や現役を退いた高齢者やＮＰＯ（民間非営利団体）、企業や行政など幅広い人々に、児童の下校後、親が帰宅するまで、勉強、しつけから食事まで面倒を見てもらう。子供を「社会の宝」として地域ぐるみで育てた日本型地域コミュニティーの再生だけでなく、高齢者らの社会参加促進も図る。今年1月までに北海道から沖縄まで全国37カ所に拠点を整備した。自治体からも歓迎され、予想を超える要望が寄せられている。今後5年間に全国500カ所に拠点を整備したいと考えている。

近年、多彩な「民」の活動が全国に広がり、NPOやNGO（非政府組織）、公益社団法人、公益財団法人など多様な受け皿の整備も進んでいる。さまざまな角度から新たな社会づくりの取り組みが広がることで、欧米に比べ低調と指摘されてきた新しい寄付文化の醸成や企業の社会貢献活動も加速され、「民」が「民」を支える新たな社会づくりも活発になる。

強靭《きょうじん》さを備えた新たな日本

「民」の活動が広がり、参加する人が増えることで、国や自治体の手厚い支援やサービスを当然視する安易な風潮や「政」が耳当たりのいい政策をばらまく迎合主義にも歯止めがかかると期待する。

そのためにも与野党問わず「政」には、たとえ有権者の反発が予想されても新たな負担や忍耐を国民に求める勇気を求めたい。それが国の財政再建にもつながる。

そうした流れが「官」の指導力を復活させ、「民」の自助の精神、さらには皆で助け合う共助の文化の再生につながる。それが実現したとき、強靭さを備えた新たな日本の姿も見えてくる。

メディアは「輿論」の復活目指せ

二〇二二年二月九日

メディアの世論《せろん》調査が花盛りである。1990年代以降、無作為に抽出した電話番号に通話するRDD方式が調査の主流になったことで調査回数も増え、質問方法も少数の選択肢で「賛成、反対」や「支持、不支持」を問う形が増える傾向にある。

ポピュリズムに陥る危険性

中でも多くの社がほぼ毎月実施する内閣支持率は、30%を割ると「危険水域」、20%を割ると「政局（政権をめぐる重大な事態）になる」などと報じられ、歴代政権が過剰に反応する傾向にある。民意を反映した数字として尊重すべきなのは言うまでもないが、調査結果には移ろいやすい個人の気分や世間の雰囲気が多分に反映され、後述する「輿論《よろん》」とは性格を異にする。

政治が数字の変化に一喜一憂し、過剰に反応すれば、ポピュリズム（大衆迎合主義）に陥る危険性もある。グローバル化で世界の動きがスピードを増し、新型コロナ禍の深刻な影響が国民生活から経済まで拡大する中、ポストコロナの社会を切り開いてゆくためにも、今必要なのは、国の将来を見据え確固とした決意と指導力を持った政治である。そのためにもまずは、メディア各社が輿論の復活に向けた取り組みを強化されるよう期待する。

輿論は「責任ある議論を経た意見」を指し、戦前は世論とは別の言葉として使われていた。しかし、昭和21年の当用漢字表の告示で「輿」の使用が制限されたことから、世論に一本化される形となった。現在、「せろん」と「よろん」の2通りの読み方が通用しているのは、世論の位置付けがはっきりしないまま独り歩きしてきた結果で、その曖昧さが戦後政治の弱点になってきた気がする。

「輿」の字の常用化の必要性

そんな思いで筆者は2008年末、当欄に掲載された「マスコミは警世の木鐸《ぼくたく》たれ」で輿論の必要性を訴えた。10年以上経た今、その思いを一層強くしている。この年に出版され、記事でも紹介した「輿論と世論　日本的民意の系譜学」(新潮選書)の著者・佐藤卓己京大教授は「輿論を公的意見」、「世論を国民感情」と定義した上で、「輿」の字の常用化の必要性を指摘されている。

世論調査は現在、新聞社や通信社、テレビ局が内閣支持率のほか、組閣や重要法案、海外の動きなど幅広いテーマで実施している。ＲＤＤ方式の導入で調査に要する日時も短縮され、結果はニュースとして速報されている。

内閣支持率のような政権に対する評価は欧米や韓国でも盛んに実施され、政権が敏感に反応するのはどの国も同じだ。ただし、わが国の場合は支持率が低下すると、首相よりも官邸が鋭く反応して省庁に人気回復策を求める動きもみられる。政権の〝ひ弱さ〟が目立つ形となり、これでは政治に対する国民の信頼も薄れ、政府が自信をもって政策を打ち出すのは難しくなる。

現在の世論調査には、質問の立て方にも問題がある。例えば消費税率の引き上げ。単純に是非だけを問えば、当然、反対が多数を占める。債務残高がＧＤＰ（国内総生産）の２倍を超える中、国民の権利と義務も絡め、将来の医療や社会保障の在り方など多角的に質問すれば、責任ある輿論の立案にも活用でき、財政の現状を無視した「ばらまき」を牽制《けんせい》する効果も期待できると思う。

新聞通信調査会が昨年秋に全国の18歳以上５０００人を対象に行った調査（回答率61％）で、各メディアの情報に対する信頼度を１００点満点で聞いたところ、新聞は67・７点で、ＮＨＫと並び高い数字だった。新聞購読率は61・４％と調査が始まった平成20年度に比べ

27・2ポイントも減少し、若者の活字離れを指摘する声もある。

しかし、若者はパソコンやモバイルを使って活発な書き込みや意見交換を行っており、これを見る限り、活字離れの指摘は的を射ていない。やはり新聞が若者を引き付ける魅力を失っているのが購読率落ち込みの一番の原因と思う。一方でSNSでは「エコーチェンバー現象」というそうだが、価値観の似た者同士が交流し共感し合う傾向が指摘されている。異なる意見に閉鎖的とされ、これでは開かれた議論は成り立たない。

健全な社会を引き継ぐために

筆者は健全な輿論を醸成する上でも、あらゆる出来事の真偽と重要性を判断して読者に提供する新聞やテレビニュースの情報価値こそ、これまで以上に重視される必要があると考える。テーマは安全保障から少子高齢化、脱炭素、女性の社会参加、財政再建などいくらでもある。

「良薬は口に苦し」という。健全な社会を将来に引き継ぐため、今後、国民に我慢や負担を求めざるを得ない事態は増える。そのためにも健全な輿論は欠かせない。筆者は新聞が大好きで、日々、多くの新聞に目を通している。関係者には新たな気概で健全な輿論を切り開いてほしく思う。そうした努力が日本の政治を強くし、日本の将来を明るくすると確信する。

脱炭素実現へ主導的役割果たせ

二〇二二年九月二〇日

猛暑となった7月、政府は電力需給の逼迫《ひっぱく》を受け全国の家庭や企業に3カ月間の節電を要請した。2015（平成27）年夏以来7年ぶりで、夏場は乗り切れる見通しだが、電力需要は冬場に最も高まる傾向にあり、綱渡り状態は今後も続く。

ロシアの侵攻で思わぬ変化

電力需給逼迫には多くの原因が指摘されているが、根底には地球温暖化に伴う異常気象がある。熱波、干魃《かんばつ》、異常豪雨、大規模山林火災など想像を絶する被害が世界に広がり、気候変動に関する政府間パネル（IPCC）は「人間の社会・経済活動に起因する」としている。

2015年の国連気候変動枠組み条約第21回締約国会議（COP21）では、今世紀末までに気温上昇幅を19世紀後半の産業革命前に比べ、1・5度未満に抑える努力目標（パリ協定）を採択。わが国も温室効果ガスの排出量を実質ゼロにするカーボンニュートラルを20

50年に実現するとしている。

以後、原因物質である温室効果ガスの削減に向け、燃料を二酸化炭素（CO_2）排出量が多い石炭、石油から天然ガス、さらに太陽光などの再生可能エネルギーに切り替える流れが世界の主流になりつつあった。しかし、ロシアのウクライナ侵攻が各国の取り組みに思わぬ変化をもたらしている。

ロシア産天然ガスの供給が不安定化し、各国の争奪戦が激化する中、天然ガスの2倍のCO_2を排出するものの安価で手に入りやすい石炭の需要が高まり、国際エネルギー機関（IEA）は2022年の世界の消費量がピークだった9年前の80億トン前後に増えると予測している。

一方で抑制傾向にあった原子力発電に対する期待も各国で急速に高まりつつある。年末までに稼働中の原子力発電所3基を停止するとしていたドイツでは稼働延長を求める世論が高まり、政府は来年4月までの延期を決めた。仏、英両国政府は新たな原子炉建設計画を相次いで打ち出している。

原子力政策見直しに踏み切る

わが国も岸田文雄首相が8月24日のGX（グリーントランスフォーメーション）実行会議で、来夏からの既存原発7基の再稼働や次世代型原子力発電所の開発などを打ち出し、東日本大震災（２０１１年）での東京電力福島第1原発事故以降、「新増設などを想定していない」としてきた原子力政策の見直しに踏み切った。

東日本大震災前には計54基の原発が稼働していた。福島第1原発事故を受け安全審査が厳しくなり、震災後、再稼働したのは6原発計10基、21基は廃炉となった。総発電量に占める割合も約30％から５・９％に減り、代わりに太陽光発電が２０２０年度時点で７９１億キロワット時と大幅に増え、全体の９・３％を占めるまでになっている。

万一、電力供給の余力を示す予備率が１％を下回る事態が予想される場合は、各地域をグループ分けし、順次停電する「計画停電」が実施される。

戦後の日本社会は企業も国民も電気、水が豊富にある環境を当然の前提として成り立ってきた。国民の生活は調理から洗濯、冷暖房まで電化が進んでいる。大災害発生時を除いて長時間の停電経験を持たない国民が、どこまで計画停電に耐えられるか、危うさも感じる。

電力需要に備え、カーボンニュートラルに道筋をつける意味でも昼夜を問わず安定的に発電できるベースロード電源は欠かせず、原発はその条件に合う。

次世代型原子炉の開発も原子力をどう安全に取り込んでいくか、将来の課題に備える上でも意味があろう。太陽光の活用は当然だが、天候に左右される難点がある。火山が多い日本では地熱発電の開発に力点を置くのも一考だ。

日本財団が7月末から8月上旬にかけ全国の17～19歳1000人を対象に実施したオンライン調査では40・4％が計画停電を「行ってもよい」と回答。政府が第6次エネルギー基本計画で、2030年の電源構成の20～22％を原子力発電としている点にも61・2％が「賛成」あるいは「もっと高めるべき」と答え、電力需給の逼迫を理解し、原発の活用を柔軟に受け入れる若者の姿をうかがわせた。

温暖化防止最優先策は脱炭素

近年、グリーンランドの氷床や北極、南極の氷河の融解が進み、これに伴う海面上昇で島《とう》嶼《しょ》国が海に沈む事態さえ懸念されている。温暖化被害はどの国も例外なく受ける。被害を少しでも減らすには脱炭素の取り組みを強化し、少しでも温暖化のスピードを遅らせるしかない。そのためには国際社会の危機感の共有が欠かせない。

日本は1997年に開催されたCOP3で温室効果ガスの5％削減と国ごとの排出削減目標が初めて打ち出された京都議定書をまとめた経験を持つ。近年は水素を燃焼して電気エネルギーを取り出す水素発電や大気中のCO_2を回収する直接空気回収（DAC）技術の開発も進んでいる。わが国が今後、脱炭素の実現に向け国際社会の中で主導的役割を果たすよう期待する。

「第2の開国」に向け意識改革を

二〇二三年四月二六日

少子化の進行で将来の労働力不足が懸念される中、日本での外国人労働の在り方を検討する政府の有識者会議が今月初め、１９９３（平成５）年にスタートした外国人技能実習制度の廃止を求める中間報告書のたたき台を示した。

外国人材獲得で各国に後れ

人材育成による国際貢献を掲げた制度の理念と、安価な労働力確保の抜け道となっている現実との「乖離《かいり》が大きすぎる」というのが理由。今秋に予定される最終報告書では、海外からの人材確保に向けた新制度の設立などが打ち出されるもようだ。

現在の技能実習制度に関しては、国内外から批判が強く、見直しは当然と理解する。ただし、瞬く間にパンデミック（世界的流行）に発展した新型コロナウイルス感染や燃料・食料を中心に世界のサプライチェーンを大混乱に陥れたロシアのウクライナ侵攻を見るまでもなく、世界の動きはあまりに速く激しい。

海に囲まれた海洋国家として発展してきたわが国は、ともすれば急速に進む国際化の流れに後れを取るきらいがある。世界の先端を切って少子化が進む国でありながら、それに伴う労働力不足対策としての外国人材獲得競争でも先進各国に後れを取っている。

制度の見直しに当たり、この点に対する国民の幅広い認識の共有が何よりも必要と考える。理解が広がれば新しい制度に対する国民の支持も広がり、国際化に不可欠な「世界あっての日本」の自覚も深まるからだ。

技能実習制度開始後の約30年間を振り返ると、経済の担い手である生産年齢人口（15～64歳）は1995年に総人口の69・5％、8726万人とピークに達した後、減少に転じ、昨年は7421万人、59・4％となった。総人口比で10％超、1300万人が減った計算で、制度にゆがみを生じる一番の原因となった。

27年後の2060年には全人口の54％、5275万人まで減ると予測されている。ただし、高齢者の就業率アップや女性の社会進出促進で労働人口は変化する。今後、人工知能（AI）など先端技術の活用で人手不足が緩和される可能性も十分、期待できる。

制度を見直す以上、政府が消極的な姿勢を長く維持してきた移民政策や、昨年、過去最多の202人が認定されたものの欧米各国に比べ格段に少なく、国際社会から批判を浴びる難民認定制度との整合性を図るのも急務だ。

ちなみにウクライナから戦争を逃れてきた人たちは難民の定義に合わないため便宜的に「避難民」の名称が使われ、約2000人の避難民に渡航費や生活費などを支援する日本財団にも「なぜウクライナの人ばかりなのか」といった疑問が寄せられている。法律上はともかく、国民目線にはアフガニスタン難民などとの対応の差に違和感があるということだ。

新制度では多様な受け皿を用意する必要がある。日本で10年以上生活し、日本財団の支援事業に携わるウクライナ出身の女性は「ウクライナは農業国。農業を通じて日本の地域づくりにも貢献できるのではないか」と語っている。

イノベーションに人材確保も

海外からの人材というと、都会中心の先端技術分野に目が行くが、最近は地方文化に対するインバウンドの関心も高い。地方も視野に入れた多様な受け皿が外国人材の活躍の場を広げ、多彩な人材確保につながる。そのためにも日本語学習や就職支援制度の強化が欠かせない。

昨年末、ウクライナ避難民を対象に実施したアンケートに回答を寄せた750人のうち3人に2人が「ウクライナ情勢が落ち着くまで」、あるいは「できるだけ長く」日本に滞在したいと答えた。戦争が終われば、祖国の復興に向けて帰国する人、引き続き日本に残る人に分かれよう。

どの場合も日本文化の良き理解者として、両国の友好や日本の社会づくりへの貢献が期待できる。そんな積み重ねが海外からの安定的な人材活用に道を開き、わが国のイノベーションに必要な有為な人材確保にもつながる。

日本はペリー率いる黒船の来航を受け、徳川幕府が嘉永7（1854）年に米国と「日米和親条約」を締結し開国に踏み切った。以後、欧米から輸入した先進技術や知識を取り込むことで近代化を果たした。「人より知識」を重視する気風がいまだに色濃く残る。

多文化との一層の共生図る

これからは、米国の政治学者サミュエル・ハンチントンが『文明の衝突』で世界8大文明の一つに位置付けた日本文明を大切にしながら、「人も知識も」の精神で国際社会と向き合い、多文化との一層の共生を図る必要がある。

開国から170年を経て、わが国は先進7カ国（G7）に名を連ねるまで発展してきた。その中で、あえて「第2の開国」の言葉を使うことで一層の飛躍を促したいと思う。それにふさわしい意識改革、制度整備が実現したとき、この国の新たな形が見えてくる。

少子化の厳しい現実を共有せよ

二〇二三年五月三〇日

厚生労働省の国立社会保障・人口問題研究所が4月に発表した日本の将来推計人口によると、約半世紀後の２０７０（令和52）年のわが国の人口は、現在に比べ約３割少ない８７００万人。うち10％超の約９４０万人を外国人が占め、日本人は７７６０万人。昨年、想定より11年も早く80万人を割った日本人の出生数も45万人にまで落ち込むという。

生産年齢人口が７％も減少

50年も先の話で不確定要素が多いが、少子化による人口減少はわが国が初めて経験する事態。しかも65歳以上の高齢者人口が38％と２０２０年比で10％増える一方、15～64歳の生産年齢人口は59％から52％に減り、人口構成も大きく変化する。

生産年齢人口の落ち込みは国力の低下を招く。まずは、そうした厳しい現実を国民全体で共有した上で、「政」が目指すべき国の将来像を語り、「官」がその具体策をまとめ、「民」

が協力する好循環、政官民の挙国一致体制を確立することが必要となる。

とりわけ政治の役割は大きい。有権者の耳に優しい公約を競い合う現状をそのままに国民の理解と協力を得るのは難しい。まずは政治が決意と覚悟を新たにして議論を興し、将来を切り開く本来の役割を果たすよう求めたい。

国力が低下する一番の原因は、国の将来を支える子供数の減少、すなわち少子化だ。政府は現在、1人の女性が生涯に産む子供数を示す合計特殊出生率を1・8（希望出生率）に設定している。人口が静止状態となる置き換え水準（2・6前後）より低く、人口減少は避けられないが、穏やかな人口減少を実現し、年金や医療など基幹システムを取り巻く環境の急変を避けるのが狙いだ。しかし、1・30前後で推移するここ数年の出生率や、昨年は0・78にまで低下した韓国など各国の動向を見ると希望出生率の実現は極めて難しい。

となると人口構成の急激な変化は避けられず、制度の健全な維持も困難となる。例えば年金制度。わが国は現役世代が支払った保険料を高齢者の年金給付に当てる賦課方式を採用しており、保険料を積み立て将来受け取る方式と違って、少子化で現役世代の数が急減すれば制度の大幅な見直しは避けられない。

先行きが見えない不安

少子化の原因は、女性の社会進出の増加に伴う人生観・価値観の変化や所得格差の拡大、ウクライナ戦争など激動期を迎えた国際情勢、温暖化に伴い年々、激甚化する自然災害などさまざまだが、何よりも大きいのは、少子化の先にどのような社会が待っているのか、先行きが見えない不安だ。

日本財団が3月、全国の18〜69歳の女性1万人を対象に、何の制約もなかった場合の理想の子供数を聞いたところ、40％が2人、25％が3人と答える一方で、21％は「子供は持ちたくない」と回答した。子供の将来を考える上で不安を感じる事項として「財政悪化による医療・年金など国の基幹システムの崩壊」を指摘する声も42％に上っている。

これに先立ち昨年末に全国の17〜19歳1000人を対象に行った調査では、44％が「将来、結婚したい」と答えながら、「必ず結婚すると思う」は17％、同様に36％が「将来、子供を持ちたい」としながら「必ず持つと思う」は12％に留《とど》まった。両調査結果からも、女性や若者が将来に強い不安を持っている現実が読み取れる。

少子化の加速要因となっている平均初婚年齢は2020年、男性が31・0歳、女性29・4歳。50歳になった時点で一度も結婚したことがない人の割合を示す生涯未婚率は男性が28％、女性が17％（令和4年の内閣府調査）。年々上昇する数字にも不安が反映されている。

これに対し岸田内閣は「異次元の少子化対策」を掲げ、児童手当など経済的支援の強化、働き方改革の推進などの対策を取っている。国債や借入金などを合わせた〝国の借金〟が3月末で過去最大の1270兆円に達する中、全体で10兆円規模とされる財源をどう工面するか。「こども未来戦略会議」を中心に議論し、6月末にも財源確保策を示す段取りというが、岸田文雄首相は消費税増税を行わない方針を示しており、どのような結論になるか見えない。

国際社会も日本に注目

次代を担う子供への投資は社会の将来に対する投資でもある。少子化と高齢化が同時に進むわが国は、国力が急速に低下する下り坂に立たされている。厳しい現実が国民に広く共有されて初めて国民を交えた幅広い財源議論が可能になる。それが国づくりの基本であり、挙国一致体制にもつながる。

少子高齢化の先端を行くわが国の取り組みに国際社会も注目している。一人でも多くの政治家が与野党の枠を超え、国の将来に向け積極的に発言されるよう願ってやまない。それが、この国が直面する厳しい現実を、国全体で共有する道につながる。

「若者の不安」世代問わず共有を

二〇二三年一一月二九日

無気力、消極的――。各種世論調査で日本の若者のこんな姿が浮き彫りにされている。少子高齢化に伴う社会の縮小、「失われた30年」からいまだに脱却できない経済の低迷など、深刻度を増す諸課題に何ら打開策がない現状に対する閉塞《へいそく》感、不安を反映した結果と思う。

低さ目立つ将来への希望

それにしても国の将来に対する期待や自分に対する評価で、世界各国の若者に比べ、日本の若者の数字の低さが際立つ。あまりの結果に、「果たして日本の将来は大丈夫か」との不安を強くする。

次代を担う若者が夢や希望を持てない社会の将来は暗い。若者の不安には理があり、世代を超えて現在の社会に共通する課題である。健全な社会の発展を期す上で、社会全体が事態の深刻さを共有する必要がある。

内閣府が2018(平成30)年末に米、英、韓国など7カ国の13~29歳各約1000人を対象に実施した調査で、「自分自身に満足している」、「自分には長所がある」と答えた日本の若者は、ともに10%台で最下位だった。

日本財団が昨年1月に米、英、中国など6カ国の17~19歳各1000人を対象に行った調査でも、自国の将来について、「良くなる」と答えた日本人は14%、「自分の行動で国や社会を変えられると思う」は27%とともに最下位、しかも各国と大差があった。

ハンセン病制圧事業などで多くの国を訪問、大学での講演などを通じ、何度かその国の若者と接触してきた体験を踏まえると、日本の若者は総じておとなしく、時に気迫に欠けると感じる。

国民性の違いもあるが、背景には世界の先端を進む少子高齢化に伴い、社会のひずみが各国より一足早くわが国で顕在化している、といった事情もあるだろう。

続く「失われた30年」後遺症

まずは経済。回復基調にあるものの30年以上を経た現在も低迷から脱しきれていない。日本の国内総生産(GDP)は1955年から20年近く続いた高度成長期には世界2位になった。しかし、2010年に中国に抜かれて3位となり、先月、国際通貨基金(IMF)が公表した予測では、近くドイツを下回り世界4位に転落する。

30〜40年前、世界の主要国の中で2〜4位を誇った日本人の平均給与も、2022年現在、458万円（国税庁「民間給与実態統計調査」）と30年前の472万円に比べ下がった。この結果、順位も経済協力開発機構（OECD）加盟38カ国中24位に落ちている。

この間、財源を赤字国債に頼る傾向が強まり、国債と借入金などを合計した国の借金はGDPの2倍の1270兆円に膨れ、一方で企業の内部留保は2021年度、516兆円（財務省「法人企業統計」）と過去最高を記録した。

今後、高齢化に伴い年金、医療、介護など社会保障関係費は確実に増える。財源をどう確保していくのか、政府の基本方針はいまだ見えない。一方、本来、新規投資や従業員の給与改善に充てられるべき企業の利益がなぜ、巨額の内部留保となっているのか、分かりにくさが付きまとう。

加えて65歳以上の高齢者1人を支える現役世代（15〜64歳）の数は半世紀前の9人から2020年は2・1人、30年後は1・3人と急速に厳しさを増す。とりわけ賦課方式で必要な財源を現役世代からの保険料収入で賄う公的年金制度への影響は大きい。

若者の不安の背後には、重くのし掛かる負担を自分の力だけではどうしようもない無力感、さらに先が見えない閉塞感がある。日本財団が10月、「社会保障」をテーマに17〜19歳の10

00人に聞いたところ、3人に2人が老後（65歳以上）の生活に「不安がある」と答えている。頼みの年金制度の将来に関しても4人中3人が、「（高齢者になったときには）維持が困難になっている」、「破綻している」と悲観的な見通しを示し、「年金だけでおおむね生活できると思う」との回答はわずかに3・8％。3人に1人が老後の生活の糧のトップに貯金を挙げ、若者の消費が伸びない一面をうかがわせている。

現在の形を維持していくのは難しく、調査では6割が現行の公的年金制度の「改革の必要性」を指摘し、政治に若者の声が反映されるよう求めている。

薄い政治への期待

国の未来を決めるのは政治である。筆者に言わせれば、近年の日本の政治は大衆迎合主義（ポピュリズム）の傾向を強め、若者の不安に応える具体策を示し得ていない。10代、20代の投票率の低さは、期待の薄さの表れでもあろう。政治に関しては別の機会に、あらためて触れたい。

繰り返しになるが、若者が不安を持つ課題はいずれも社会全体に共通する喫緊の課題である。「若者の問題」と対岸視すれば、事態は一層深刻化する。

財源問題一つとっても、世代を超えて危機感が共有されて初めて幅広い国民の納得が得られ、事態を打開する糸口が見えてくる。

ふるさと納税活用で支援強化を

二〇二四年一月二二日

能登半島地震は死者が230人を超え、厳しい寒さの中、新型コロナウイルスやインフルエンザ感染も広がりを見せている。

多数の家屋倒壊や200棟を超す店舗・住宅が焼けた輪島市での大火災で行方不明者の救出・捜索は難航し、道路、水道、電気など基幹インフラの崩壊が復旧作業の大きな妨げとなっている。

日本人が持つ「利他の精神」

2016（平成20）年の熊本地震から、わずか8年弱。物理学者で随筆家の寺田寅彦は「天災は忘れた頃にやって来る」の警句を残した。しかし近年の日本は、温暖化に伴う豪雨災害を含め大災害に毎年襲われ、「忘れる間もなく災害がやって来る」時代を迎えている。

政府や自治体の防災強化は当然として、ひとたび災害が起きた場合、幅広い国民の協力が欠かせない。幸い、日本人の心には他人の利益、幸せを願う「利他」の精神がある。わが国の文化であり、この精神のさらなる広がり、強化を期すことが防災社会の確立にもつながる。「利他の心」は京セラの創業者、故稲盛和夫氏が説いたことから、最近はビジネス書にもしばしば登場する。もともと大乗仏教の教えから来ており、近年のボランティア活動の広がりにも、こうした精神が色濃く投影されている。

注目される関連データとして、東日本大震災が発生した2011年から3年後に文科省所管の統計数理研究所が20歳以上の国民6400人を対象に行った日本人の国民性に関する調査結果がある。調査では「利己と利他」について回答を寄せた3170人のうち45%が「他人の役に立とうとしている」と答え、「自分のことだけに気を配っている」の42%を上回った。「利己と利他」に関する調査は、1978年以来5年ごとに行われ、「利他」が「利己」を上回ったのは、この時が初めてだった。研究所の担当者は当時、「東日本大震災で国内に広がった助け合いの影響が大きい」とコメントしている。

膨大な標本や資料を保管する国立科学博物館が昨年夏、広く資金を集めるクラウドファンディングで支援を呼び掛けた結果も注目される。3カ月間で約5万7千人から、目標の1億円を大きく上回る約9億2千万円の寄付金が寄せられたという。この背景にも利他の精神の広がりを実感する。

能登半島地震では、自衛隊や各地の自治体が派遣した消防関係者らが行方不明者の捜索・救助作業を進める中、多くの民間団体が被災地入りし、倒壊した建物の撤去から避難所の整備、物資の配布、炊き出しまで幅広い支援活動を展開している。

復旧費は大きく膨らむ

政府は2024年度予算案の予備費5000億円を1兆円に倍増して対策を手厚くする構えだ。しかし、山の多い半島の道路は至るところで寸断されており、豪雪など厳しい気象条件も加わり、作業は難航している。復旧費が大きく膨らむのは必至だ。

対策の一つとして近年、急速な広がりを見せるふるさと納税の活用を提案したい。居住する自治体に納める税金を任意の自治体に寄付するこの制度、4年度の実績は前年度比約20％増の約9654億円、5184万件に上っている。

全国の利用者は約746万人。返礼品が人気となり、使い切れないまま寄付を基金として積み立てている村もあると報じられている。

災害支援に向けた寄付のため原則として自治体からの返礼品はないが、税金の控除は受けられる。一人でも多くの人が被災地の自治体に向けふるさと納税を利用されるよう強く訴えたい。

国の予算にはさまざまな法律上の制約があり時間もかかる。これに対し、ふるさと納税は自治体が自由に使える新たな財源となる。苦しい財政事情の中、各自治体が被害に合わせ、きめ細かいサービスを行う手助けにもなる。

もちろん支援金などを利用して被災地を支援する手もある。日本財団も災害復興支援特別基金への協力を広く呼び掛けている。

地震発生翌日に担当職員や連携するＮＰＯを被災地に派遣する一方で、海上輸送を利用してシャワーシステムや灯油、発電機を被災地に届けるなど多彩な支援活動を展開しており、寄せられた基金は全額をこれらの活動に迅速に活用させてもらう方針だ。

《災害大国日本の宿命》

南海トラフ地震など巨大地震の発生が懸念されて久しい。政府の地震調査委員会が平成26年、首都直下型地震の発生確率を「今後30年で70％」と発表してから既に10年が経過し、一層の警戒、備えが欠かせない。

巨大災害の前に、いかなる対策も十分ということはあり得ない。そのためにも誰もが何時でも大災害に直面する可能性があることを常に自覚し、万一の事態に遭遇した場合には利他の精神で互いに助け合う決意を日ごろから持つことが何よりも必要と考える。

それが災害大国日本の宿命であり、防災を強化する道でもある。

第六章●私の医療・福祉論

――社会的弱者といかに向き合うか

ハンセン病の歴史を記憶遺産に

二〇一六年四月一四日

人類とハンセン病の闘いに2つの新しい動きが出ている。第1は世界保健機関（WHO）が制圧の基準とする「人口1万人当たり患者1人未満」をすべての国が達成、人類の長いハンセン病との闘いがひとつの節目を迎える見通しとなった点だ。

第2は世界に12億人の信徒を持つカトリックの総本山・ローマ教皇庁が6月、バチカン市国で日本財団と共催する国際シンポジウム。カトリック以外の宗教関係者も出席し、ハンセン病患者・回復者に対する偏見・差別の撤廃を世界に訴える予定で、宗教・宗派の違いがさまざまな紛争を引き起こしている国際社会に与える影響も大きい。

すべての国が制圧基準達成へ

ハンセン病は1980年代に3つの薬を併用する治療法（MDT）が開発されたことで「治る病気」となった。しかし治癒後も「元患者」として引き続き深刻な偏見・差別にさらされ、他の病気では考えられない悲惨な歴史をたどってきた。

一方で新しい患者の発生がほとんど見られなくなった先進国ではハンセン病の記憶が希薄になりつつある。差別をなくすためにも「負の歴史」を後世に伝える必要があり、筆者はWHOのハンセン病制圧大使として、国連教育科学文化機関（ユネスコ）の記憶遺産への登録を目指す決意でいる。

亡父・笹川良一は1983（昭和58）年、当時の法王ヨハネ・パウロ2世の招待を受けバチカン市国を訪問、筆者も随行した。その際、法王が亡父を抱擁してハンセン病制圧への取り組みに感謝の言葉を述べたことに深く感銘したのを記憶している。

ハンセン病はMDTを半年から1年間、服用することで治癒する。画期的な治療法の確立で、当時、世界で毎年100万人もの患者が発生していたハンセン病の制圧は大きく前進。1095年から5年間、日本財団が、その後はスイスに本拠を置く製薬会社が世界でMDTの無償配布を進め、これまでに1600万人が治癒し、1985年当時に世界で122カ国を数えた未制圧国はブラジル1カ国となっている。

ブラジル保健省は既に基準達成を確認済みと伝えられ、リオデジャネイロ五輪後の今秋にも調査結果が公表されると期待する。ハンセン病は長い間、「呪われた病気」「遺伝病」として恐れられ、何よりも本人の苦痛が大きい。患者数の大幅減少はそれ自体が極めて大きな意味を持つ。

しかし現在もインド、ブラジル、インドネシアを中心に年間15万人を超す患者の発生が確認されており、国レベルで世界が基準を達成したとはいえ、依然、基準を上回る州や地域を抱える国もあり、引き続き医療面でのハンセン病との闘いが続く。

宗教の違い超えバチカンで訴え

一方の偏見・差別との闘いも途上にある。国連は２０１０年に「ハンセン病患者と回復者、その家族に対する差別撤廃決議」を総会で採択。各国政府が具体的に取り組むガイドラインも示され、その徹底に向けたフォローアップ作業が進められている。

ローマ教皇庁も毎年1月最終日曜日の「世界ハンセン病の日」に患者や回復者を励ますメッセージを出し、２００９年には偏見・差別の撤廃に向け筆者が主催するグローバルアピールにも賛同署名している。

そんな経過もあり、今回は日本の一民間団体であるわれわれのシンポジウム共催の提案を快く受け入れていただいた。現法王フランシスコは２０１３年の就任式で社会的弱者の救済と環境保護を提唱。式には正教会やユダヤ教、イスラム教などの指導者も参列した。

シンポジウムには、このほかヒンズー教や仏教の関係者も参加、宗教の違いを乗り越えて偏見・差別の撤廃を世界に呼び掛ける予定で、長年、ハンセン病と闘ってきた身としてありがたく、敬意を表したい。

世界平和を考える一助に

わが国では、ハンセン病患者の厳しい隔離政策を打ち出した「らい予防法」が平成8（1996）年に廃止されるまで90年間、約2万7000人が社会から隔絶されて生きてきた。日本財団が4月から管理運営を受託することになった国立ハンセン病資料館（東京都東村山市）や、全国のハンセン病療養所に付随する歴史館には、文芸作品から絵画、写真、工芸、日記、自治会史など苦難の歴史を記した世界でもまれな資料が豊富に残されている。これら資料を記憶遺産に登録することで、ハンセン病の教訓を後世に伝える道も広がる。

現在、世界で348件、日本関係では平安中期に栄華を極めた藤原道長の、わが国最古とされる自筆日記など5件が記憶遺産に登録されている。各国の申請に基づき2年ごとにユネスコが審査・登録する仕組みになっており、全国ハンセン病療養所入所者協議会（全療協）などと協力して対応を急ぎたいと考える。

歴史を見るまでもなく、偏見や差別は争いや紛争を誘発する温床となる。ハンセン病の歴史を冷静に見つめ直すことが、世界の平和を考える一助になると確信する。

子供の貧困解決が喫緊の課題だ

二〇一六年七月七日

放置すれば20兆円の負担増

貧困家庭に育った子供が社会に出ても貧困となる「貧困の連鎖」が深刻度を増している。日本財団が民間の研究機関とともに行った調査では、このまま放置すると、将来の経済的損失は約50兆円、社会保障など国の財政負担は約20兆円増える。

これでは子供の将来を奪うだけでなく国の将来も危うくなる。政府も昨年10月から官公民連携による「子供の未来応援国民運動」をスタートさせているが、事態の深刻さに対する国民の認識はいまひとつ希薄な気がする。

今回の参院選でも各党がそれぞれの政策を打ち出しているが、子供の貧困は将来の日本社会、財政の在り方にもかかわる重要課題であり、文字通り国民が一体となって取り組むべきテーマである。不登校児や難病児の支援など、子供問題に幅広く取り組んでいた立場から、われわれも、ささやかでも問題解決に貢献したいと考える。

そこで注目するのが、子供たちを地域ぐるみで健全に育ててきた日本の古き良き伝統だ。問題解決には、こうしたコミュニティー機能の復活こそ必要で、全国各地に「家でも学校でもない第3の居場所」のモデルを設け、地域社会が問題解決に一役買う事業に育てたいと思う。

第3の居場所で地域社会再生

厚生労働省の国民生活基礎調査（平成24年・2012年）によると、所得が平均的世帯の半分（122万円）に満たず、貧しい家庭で暮らす18歳未満の子供の割合を示す貧困率は過去最高の16・3％に上った。1980年代から上昇を続け、先進34カ国が加盟する経済協力開発機構（OECD）の中では高い方から10番目に位置する。

18歳未満の子供の6人に1人、約330万人が貧困家庭で暮らしている計算で、一人親世帯に限ると貧困率は54・6％に上る。

当財団では、15歳の子供120万人のうち、一人親家庭、児童養護施設入所者、生活保護世帯で暮らす18万人を対象に、今の状態が続いた場合の社会的損失を試算した。この結果、彼らが生涯に得る所得は、大学進学率などが一般並みに改善された場合に比べ2兆9000億円少なく、税や社会保障の負担額も改善モデルに比べ1兆1000億円少なかった。

18歳未満の子供全体で見ると、所得は49兆円、税や社会保障の負担額は19兆円少ない計算となる。その分、国内市場の縮小、国の社会負担の増加につながる。

高卒者全体の大学や専門学校等への進学率は70％を超えるのに対し、生活保護世帯の子供は31％と低く、経済格差が教育格差を生み、それが就業・収入格差、さらに次世代の貧しさにつながる貧困の連鎖も浮き彫りにされている。

近年、学校と自宅以外に居場所がない「一人暮らし児童」「子供の孤食」といった問題も出ているが、子供の貧困は親の責任であっても子供に責任はない。

政府も平成27（２０１５）年秋、「子供の未来応援基金」を立ち上げ、日本財団も管理業務の一端を担っている。しかし、設立から半年、寄せられた基金は6億円余にとどまり、安倍晋三首相も発起人に名を連ね、子供の貧困対策の目玉としてスタートした事業にしてはあまりに動きが鈍い。

そんな事情もあって、独自に第3の居場所の整備に乗り出すことになった。日本の地域社会には一昔前まで、皆が集う「場」があり、子供たちはそこで遊びや社会のルールを身に付け、病気などで親が不在の場合は全員で子供の食事の面倒もみた。

核家族化の進行と地域社会の崩壊で、こうした場がなくなった結果、子供だけでなく高齢者も居場所がなくなった。

「社会の総合的豊かさ」目指せ

最近、待機児童の解消に向けた保育園の建設をめぐり、周辺の高齢者が「子供の声が静かな住環境を壊す」と反対するケースが増えていると聞く。送迎の自転車や車の増加といった問題もあるようだが、子供の声が聞こえない街が健全だとはとても思えない。

元気な高齢者や専門知識を持つ民間非営利団体（NPO）や自治体の協力を得ながら、全国100カ所に子供や高齢者が集う場所を整備したいと考えている。

国立社会保障・人口問題研究所の社会支出集計によると、2013年度、年金や介護、ホームヘルプサービスなど高齢者向け支出は国内総生産（GDP）比11・3％の54兆6200億円、これに対し家族手当など子育て（家族）向けは同1・2％の6兆500億円と大きな開きがある。

高齢者向けサービスが必要なのは言うまでもない。しかし国の将来を担うのは子供であり、子供をどこまで自立した社会の担い手に育てることができるかが国の将来を左右する。

近年、社会の豊かさをGDPや経済成長率ではなく、福利厚生度を中心にした「社会の総合的な豊かさ」で測る考えが国際的に強まっている。子供の貧困の解決こそ、今後の日本社会の豊かさにつながる喫緊の課題である。

工賃3倍増で障害者対策強化を

二〇一六年一〇月二八日

生活保護に頼る現状から脱却

日本には働いても月1万数千円の収入しか得られない人たちがいるのをご存じだろうか。障害の程度などから一般事業所での雇用が困難とされ「就労継続支援事業」で就職に必要な知識や能力の向上を目指す障害者のうち、特に雇用契約が難しいとされるB型事業で働く人たちだ。全国で約1万事業所、20万人に上り、国も工賃倍増計画を打ち出しているが、「障害の有無にかかわらず、すべての国民が共生する社会」を目指す障害者総合支援法（平成24年・2012年公布）の理念には程遠い現状にある。

障害のある人は全国で790万人。全体の社会参加、生活アップを促進するには、まずはボトムにある20万人の工賃アップこそ先決と考える。仮に障害者手当を含めた収入が月10万円を超えれば、生活保護に頼る現状から脱却する道も開かれ、社会保障費の抑制だけでなく、障害のある人の自信にもつながる。

障害者総合支援法に基づく就労支援施設には、全国約3000カ所、約5万5000人が働く就労継続支援A型の事業所とB型事業所の2つのタイプがある。

ともに一般企業への就職は難しいとされているが、A型は雇用契約を結び都道府県が定める最低賃金以上が支払われ、月平均賃金は2012年現在約6万8700円。これに対しB型は障害の程度が比較的重い人たちが対象で雇用契約はない。最低賃金を大幅に下回るため支払いも工賃と呼ばれ、額も月平均約1万4800円にとどまる。

この結果、月6万～7万円の障害基礎年金を受給しても生活を維持するのは難しく、多くが生活保護に頼る現実がある。地域にもよるが、障害者1人が最低限の生活を維持するのに必要な収入は月10万円前後とされ、工賃が現在の3倍の4万5000円前後になれば、この数字は達成可能で生活保護に依存する必要もなくなる。

実現すればA型事業所で働く障害者の賃金だけでなく、就労支援施策の対象となる18～64歳の障害者320万人の待遇改善にもつながるはずだ。

必要な事業者の意欲刺激策

しかし就労不可能な重度の障害者も多く、国が10年前にスタートした工賃倍増計画も思うように進んでいないのが実態だ。日本財団が全国2000カ所以上で取り組んできた古民家改修などによる障害者の就労場所の整備も、働き場所の拡大にはなったが賃金アップにはつながらなかった。

背景には、就労作業が長年、障害を理由に工賃の低い軽作業を中心に用意されてきた歴史がある。従って今、何よりも求められるのは、障害者を「社会的弱者」として「保護」の目線で見てきた行政や事業者の意識改革である。

近年、障害のある人が働く食品工場やレストラン、喫茶店やパン工房など、成功事例が全国的にも増えており、事業者には障害者の工賃・賃金アップに向けた新たな顧客獲得や個々の障害者に合わせた付加価値の高い仕事の開拓が求められる。

その上で、就労継続支援事業制度の一定の見直しも必要と考える。現行では就労支援事業の指定を受けた事業者には、障害者１人当たり月14万〜15万円の基本報酬が、事業に伴う利益の有無や多寡と関係なく給付される。

これでは事業者の意欲を高めるのは難しいし、障害者の支援よりも、事業者の報酬確保が優先される結果になりかねない。事業者の前向きの取り組みを期待するには、やはり事業者の意欲を刺激する工夫が必要と考える。

利益が増えれば、まずは障害者の工賃アップに反映させるのは当然として、事業者の報酬にも何らかの上乗せができるような仕組みが検討されてもいいのではないか。そうなれば事業者にも新たな企業チャンスとなり、双方が「ウィンウィン」の関係になる道も開ける。

1億総活躍社会にもつながる

われわれも「民」の立場で、障害がある人の働く場所づくりに向けた就労支援プロジェクトを新たにスタートさせた。多くの事業を成功させた高知の関係者を組織に招き、協同で地方創生に取り組む鳥取県では工賃3倍、その他地域でも高賃金の障害者就労モデルを、全国の100カ所を目標に整備したいと思う。

あわせて障害者就労の専門家の育成などを進め、ささやかでも「みんながみんなを支える社会」の創造に貢献したいと考える。

パラリンピックの盛り上がりを見るまでもなく、障害者を健常者と区別する社会の目線は確実に姿を消しつつある。今後は少子高齢化に伴い労働力不足が深刻化する半面、障害のある高齢者は確実に増加する。

B型事業所で働く人も含め、1人でも多くの障害者が普通に働ける職場を開拓することが、障害者の社会参加の機会を増やすだけでなく、安倍晋三内閣の「1億総活躍社会」、誰もが参加できるインクルーシブな社会、ひいては地域の活性化につながると確信する。

養子縁組を社会的養護の柱に

二〇一七年三月二一日

欧米各国の社会的養護の柱の一つに、生みの親と暮らせない子供たちを引き取り、法的に実の子として育てる特別養子縁組がある。対するわが国は、社会的養護を必要とする子供約4万6000人（平成26年・2014年）のうち約84％が乳児院や児童養護施設で、約16％が里親家庭やファミリーホームで暮らし、特別養子縁組はわずかに500件前後にとどまる。

まずは施設から里親委託へ

日本も採択する国連の「児童の代替的養護に関する指針」を見るまでもなく、子供は家庭的な環境で育つのが望ましく、特別養子縁組こそ最善の福祉と言っていい。その普及に向け、わが国も社会的養護の在り方を抜本的に見直していく必要がある。

政府は平成27年春に閣議決定された少子化社会対策大綱で令和元年度末の里親委託率を22％に設定するとともに、昨年の児童福祉法改正では養子縁組に対する相談・支援を児童相談所の主要業務に位置付け、議員立法による養子縁組あっせん法の成立で民間の養子縁組あっせん団体も届け出制から許可制に変わった。

里親委託を増やす一方、民間あっせん団体の透明性を高め、官民一体で特別養子縁組を増やす狙いと理解する。ただし養子縁組は双方のマッチングなど難問も多く、短期間の大幅増は難しい。

当面は乳児院、児童養護施設から里親への移行が政策目標となる。現に年間４５００件の特別養子縁組が成立する英国、同５万件の米国も現時点では社会的養護の71〜77％を里親に頼っている。

しかし両国とも最終的な目標はあくまで特別養子縁組だ。里親委託は恒久的な家族が見つかるまでの経過措置と位置付けている。

それでは、わが国で養子縁組を普及させるには何が必要か。ポイントの一つは、子供の措置（委託）先を決める権限を持つ児童相談所の機能強化である。現在、全国の都道府県、政令指定市に計２０７カ所設置され全体の職員数は１万人を超える。

しかし里親・特別養子縁組に対応する常勤専任職員を配置しているのは86カ所、平成26年に児童相談所の関与で特別養子縁組に進んだ件数も82件にとどまる。

児童相談所機能の分割強化を

一方で同年に児童相談所が相談対応した児童虐待や非行は15年前の7・6倍に当たる約8万9000件、対応能力は限界に来ている。虐待・非行も里親・養子縁組も避けて通れぬ重要テーマである。

人事異動の多い一般行政職ではなく、約3000人の児童福祉司や社会福祉士、臨床心理士など専門職員を増やすと同時に双方の機能を分け、総合力をアップする必要がある。

施設や里親のもとで暮らす子供たちと養子縁組希望者の情報を全国的に集約し、双方のマッチングを広く調べることを可能にするネットワークの整備も欠かせない。情報が増えればその分、養子縁組が成り立つ可能性も上昇する。

厚生労働省の資料によると、不妊治療を受ける夫婦は全国で40万組を超え、一方で年間の人工妊娠中絶件数は新生児数の約20%に相当する18万6000件（平成25年度）に上っている。養子縁組を希望する夫婦は多く、妊娠中絶の中にも子供の将来を確実に託せる養親希望者が早い段階で確保できれば助かる命も多いはずだ。

もう一点、養子縁組を困難にしているのが養子縁組を望まない保護者の意向だ。わが国では伝統的な家制度の影響か、親権に対するこだわりが強い。厚労省調査では養子縁組に同意しない保護者が多く、養子縁組が進まない一因となっている。

優先されるべきは子供の幸せ

一方で乳児院の子供3000人のうち610人は親の面会が一切なく、親の責任が放棄された状態にある。こうしたケースに関しては親権を制約できるような法的枠組みも必要と考える。何よりも子供の幸せが優先されるべきなのは言うまでもない。

仮に施設から里親、さらに特別養子縁組への移行が進み、全国136カ所の乳児院や603カ所の児童養護施設で働く約2万人の職員に余力が出れば、子供の反発や問題行動に悩む里親家庭に対する支援組織や「子育て世代包括支援センター」といった総合的な相談組織の整備も前進しよう。

日本の家族関係社会支出を国内総生産（GDP）比で見ると、年金など高齢者関連の社会支出が10・4％と経済協力開発機構（OECD）加盟国の平均7・4％を大きく上回るのに対し、子供関係は1・35％と各国の半分以下となっている。世界のトップを切って高齢化が進む日本の現状を反映しているともいえるが、次世代を担う子供の育成の重要性を考えるとバランスを欠く気もする。

要する費用は半端ではないが、数字の上では施設より里親委託、養子縁組の方がコストは低い。子供が健全に育てば次の時代を支える宝にもなる。

必要なのは社会全体の覚悟と決意である。4月4日の養子の日を前に改めて思いを強くする。

臓器移植の普及こそ時代の要請

二〇一七年八月一七日

世界保健機関（WHO）の2016（平成28）年の世界保健統計によると、日本人の平均寿命は世界トップの83・7歳。男女とも戦後、30歳以上、寿命が延びた。経済成長に伴う食生活の改善とともに、誰もが安心して良質な医療を受けられる国民皆保険制度の確立（昭和36年・1961年）の影響が大きい。

世界最低水準からの脱却めざす

しかし時代の変化に合わせ医療も変わらざるを得ない。多くの国で一般医療として定着しつつある臓器移植もそのひとつだ。わが国は平成9（1997）年の臓器移植法施行から20年を経た現在も世界の最低水準にあり、中核である脳死後の臓器移植は年間100件に満たない現実がある。

この結果、多くを親族や配偶者からの生体移植に依存、生体移植が不可能な心臓移植を海外に頼る傾向が強く、国際移植学会は２００８年、各国に「自国内での臓器提供を増やす」よう求めるイスタンブール宣言を出した。これを受け、ヨーロッパ諸国やオーストラリアのように日本人の臓器移植希望者（レシピエント）の受け入れを禁止する国も出ている。

心臓に限らず臓器移植でしか救命・延命ができない疾患は多く、その普及は国民の健康を守る上でも避けて通れない。そのためにも臓器提供者（ドナー）とレシピエントを橋渡しする国内唯一の組織「日本臓器移植ネットワーク」（ＪＯＴ、門田守人理事長）の強化が欠かせない。

５年後の国内の脳死移植を現在の約10倍、１０００件まで増やすことを目標に、日本財団も今年度、微力ながらＪＯＴのお手伝いをすることにした。成否は臓器の提供をどこまで増やせるかにかかる。国民の皆さまの理解と協力を求めたい。

日本の臓器移植は１９６８年、札幌医科大で行われた初の「和田心臓移植」に対する不信や心臓死を重視する日本人の死生観もあって、欧米に比べ著しく立ち遅れる結果となった。

国民の意識にも変化の兆し

２０１０年には、イスタンブール宣言を受けて臓器移植法を改正。それまで書面による本人の生前の意思表示が必要とされていた提供条件を、本人の意思が不明でも家族の承諾があれば可能と緩和した。提供数は増加傾向にあるものの２０１６年はなお64件にとどまっている。

ＪＯＴは生体移植を除き、脳死、心停止に伴う臓器提供の唯一の受け皿で、今年6月末現在、腎臓を筆頭に心臓、肺、肝臓などの移植を求めて計1万３４５０人が登録している。

これに対し、提供数を人口１００万人当たりで見ると、日本は０・７人。トップのスペインの50分の1、米国の37分の1、韓国の12分の1と国際的にも最低ラインにある。

日本移植学会の資料などによると、心臓移植が望ましい患者は年間４００人前後に上るが、登録者は10分の1にとどまる。しかも、この20年間にＪＯＴに登録した１３４０人のうち、実際に移植を受けることができた人は３３７人、ほぼ同数の３１３人は移植を受けることなく死去している。

肝臓や腎臓では臓器提供を待ち切れず、親族らから生体移植を受ける患者が90％を超え、ドナーの健康な体にメスを入れる生体移植が果たして好ましいのか、別の問題も出ている。

一方で、国民の関心の確実な高まりも見られる。２０１３年の内閣府の調査に「臓器を提供したい」と答えた人は43％に上り、この15年間で10ポイント以上増えた。免許証などに臓器提供の意思の有無を記入する人も同様に12％まで増加している。

１０００件の目標達成は可能だ

移植数が少ないとはいえ、日本は移植後の生存率が各国に比べ高く、移植医療のレベルは高い。小腸移植を除けばすべての臓器移植に保険が適用され、産経新聞厚生文化事業団運営の「明美ちゃん基金」のような民間の支援組織もある。

今後、脳死に対する啓蒙《けいもう》活動、脳死移植を実施できる条件を整えた全国約９００の病院の横の連携、ＪＯＴで現在32人にとどまる臓器移植コーディネーターの増員など運営を強化することで、５年後の脳死移植１０００件の達成は不可能ではないと思う。

高齢者を中心に全国の患者が32万人に上る腎不全を例にとれば、99％以上が1回5時間近くかかる人工透析を週３回前後受け、日常行動が大きく制約されている。移植の場合は免疫抑制剤の服用などを除けば健常者とほぼ同じ生活が可能とされ、人工透析に比べれば腎臓移植の方がトータルな費用も少ない。

高齢化社会の到来で喫緊の課題となっている元気な高齢者の社会参加、ひいては40兆円を超えた国民医療費の抑制効果も期待できる。世界は高齢化社会の最先端に立つ日本の新たな社会づくりに注目している。臓器移植の普及は、これに応えるためにも、わが国が乗り越えなければならない課題である。

診療看護師制度の導入を目指せ

二〇二一年八月二四日

新型コロナ禍に伴う外出自粛でやや減っているものの大手病院の外来には相変わらず長い列ができている。「3時間待ちの3分診療」と言われた一昔前よりは改善されたようだが、医療現場は昔も今も飽和状態にある。

医師の指示なしに一定の医療

経済協力開発機構（OECD）が2017（平成29）年にまとめた調査によると、人口1000人当たりのわが国の医師数は2・4人、看護師は11・3人。当時の加盟国36カ国で見ると、医師数は32位、看護師数は10位。高齢化に伴う医療需要の急増、多様化を前にすると、このままでは医療の逼迫《ひっぱく》はさらに進む。

打開策として医師の指示を受けずに一定レベルの診断や治療を行うナース・プラクティショナー（NP＝診療看護師）と呼ばれる新たな資格制度を導入する動きが各国に広がってい

る。看護師が自らの判断で裁量できる医療行為の範囲を広げることで全体の効率をアップし、医師、看護師不足の緩和を図るのが狙いだ。

その効果と実績は既に各国で証明されている。加えてわが国には高い志と才能を持った多くの看護師がいる。新たな資格制度として早急に取り入れるよう提案する。日本医師会は制度の導入に消極的と側聞するが、国民に対する医療サービスが強化されるばかりか、医師の負担軽減にもつながる。

米国では22万人が資格取得

NP制度は米国やカナダ、オーストラリア、ニュージーランド、オランダ、アイルランド、シンガポールなどで導入されている。看護師資格の保有者が修士課程以上の大学院で専門教育を修め、国家試験に合格するとNPの資格を得る。医薬品の処方や初診対応、検査の指示や治療を判断する権限を持ち、米国では平成28年時点で看護師の約8%、22万人が資格を取得している。

これに対し、わが国では、「医師でなければ、医業をなしてはならない」とする医師法の定めで看護職は医師の判断、指示がなければ、医療行為を行うことはできない。平成26年には一定の範囲で診療行為を行う特定看護師制度がスタートしたが、あくまで医師の指示の下で行う診療補助に留《とど》まる。また日本版NPと呼ばれる診療看護師制度もあるが、民間の資格であり、国の資格である外国の制度とは本質的に異なる。

この結果、高血圧の慢性疾患を抱え、訪問看護ステーションの訪問看護を受けながら在宅療養をする高齢者を例にとると、患者を最も知る看護職が、特段の症状の変化もなく同じ薬を飲めば十分と判断しても、医師の指示がなければ使用できない。医師が多忙で指示が得られないまま症状が悪化するケースも少なくない。

さらに全国で約600カ所に上る無医地区には、半径4キロ以内に50人以上が住みながら近隣に医療機関がない。人は医療がなければ生活できず、人口も流出する。訪問看護ステーションは全国約1万3000カ所に整備されている。1施設当たり平均5人の看護職員（看護師、准看護師、保健師、助産師）が勤務し、医薬品の処方が認められるだけでも無医地区の医療は大きく前進する。

診療看護師制度が導入されれば、そうした流れを後押しし、高齢者にとって何よりも必要な〝診てくれる人〟との対話も生まれる。政府が目指す地域包括ケアシステムの構築にもつながろう。

日本看護協会も昨年9月、自民党看護問題小委員会宛てに「ナース・プラクティショナー（仮称）制度の創設に関する要望書」を提出、世界標準に沿った本格的な資格制度の創設を求めている。

日本財団も笹川保健財団と協力して、米国、カナダの大学院の修士、博士課程への留学を希望する看護師に年間1200万円を支援する奨学金を立ち上げた。予定は10年間で100人。先進的な看護技術を身に付け、大いに活躍してほしく考える。

医師の補助的立場からの解放

診療看護師制度は、看護師を医師の補助者の立場から解放する。診療看護師が先頭に立って看護の目線で看護の在り方を追求することで、今回のコロナ禍でも課題となった71万人の潜在看護師が医療現場に復帰するための条件整備も進もう。

新しい看護の在り方を日本から国際社会に発信するケースも期待できる。導入に伴う波及効果は大きい。

令和2年版厚生労働白書は、高齢者人口が35%3900万人とピークに達する20年後には、全就業者の20%に当たる1070万人の医療・福祉従業者が必要になると推計している。少子化が進む中、短期間に大量の人材を育成するのは難しい。まずは限られた人数で効率的に現場を回す工夫が必要となる。診療看護師制度の導入こそ、その契機となる。

医療現場で働く看護職は平成28年現在で166万人。うち看護師は121万人。90%以上を女性が占める。診療看護師制度の普及は、ポストコロナの時代の女性の社会進出にもつながる。

基礎研究充実が国を強靱にする

二〇二一年九月二四日

「土台のないところに家は建たない」という。基礎の大切さを教える格言である。然《しか》るに近年は、英米流の株主資本主義の影響もあって企業経営に限らず、学問の世界でも、基礎研究より短期に成果が期待できる応用研究が優遇される傾向にある。

あらゆる応用研究は基礎研究の上に成り立つ。パンデミック（世界的大流行）となった現下の新型コロナウイルス禍で、わが国が感染防止の決め手となるワクチン開発で後れを取っている一因もこの点にある。基礎科学、基礎医学を立て直し、基盤を強化することが急務と考える。

『民』の参加で共助の精神生かせ

事態は国民の生命、財産に関わる問題である。何よりも「公」の取り組みが必要なのは言うまでもない。しかし、巨額の借金を抱え国の財政が逼迫《ひっぱく》する中、すべての対策を国に求めるのは無理がある。むしろ長い歴史の中で、この国が農耕民族として培ってきた「共助」の精神を生かし、経済界を含め「民」が幅広く参加する取り組みこそ重要と考える。

新型コロナウイルスは変異を繰り返し、いまだ未知の部分が多い。こうしたウイルスの正体を解明し、有効な対処方法を発見する手掛かりは、あらゆる可能性を想定して自由な発想で行われた基礎研究の蓄積の中にこそ、見いだされる可能性が強い。新型コロナ禍に対抗するには、応用研究以上に基礎研究が重要ということだ。

平成15（２００３）年の重症急性呼吸器症候群（ＳＡＲＳ）、10年後の中東呼吸器症候群（ＭＥＲＳ）など頻回な感染症の発生を受け、欧米では多くの国が応用研究の傍ら、安全保障の観点から、さまざまな備えを強化してきた。

例えばワクチン開発。国が開発資金を支援し、ワクチンを必要とする事態が発生しなかった場合、製薬会社からワクチンを公費で買い取る制度を持つ国もある。米国にはワクチンの有効性を示すデータがあり、使用するメリットがリスクを上回ると判断されれば承認前でも接種を認める緊急使用許可制度（ＥＵＡ）もある。

これに対し日本は、公的支援が薄く、巨額の開発費を要するワクチン開発は経営上のリスクが高いとして積極的に取り組む製薬会社は少ない。結果、創薬国でありながら、いまだ国産ワクチンを持たず、政府が外国からの調達に奔走する事態を招いている。

全国86国立大学に対する国の運営費交付金の減少も基礎研究を後退させている。平成16年度に1兆2400億円だった同交付金は令和2年度には1兆800億円に減り、代わりとなる民間資金も、対象が応用研究に偏る傾向にある。

阪大に感染症研究の国際拠点

文部科学省によると、平成29年から3年間に世界で発表された自然科学分野の論文のうち他の論文に引用されるなど影響が大きかった日本の論文数は世界10位。平成19年から3年間の5位から後退し、1位となった中国に水をあけられる結果を招いている。このあたりにも基礎研究後退の深刻な影響が出ている。

温暖化によるシベリア永久凍土の溶解やアマゾンの熱帯林開発に伴い、未知のウイルスによる感染症のパンデミックが、今後さらに頻回に発生する可能性を多くの専門家が指摘している。このままで国民の安全・安心を守っていくのは難しい。そんな思いで日本財団ではこのほど、大阪大学（西尾章治郎総長）と協同で感染症の基礎研究に取り組む本格的なプロジェクトを立ち上げた。

阪大は緒方洪庵の「適塾」以来の感染症研究の伝統を持つ。10年間に230億円を支援して感染症研究の基盤構築や人材育成、さらに今回のコロナ禍で見られる情報混乱を避けるための信頼性の高い情報の発信など、社会経済学、心理学も交えた多角的な研究に取り組む計画だ。

国内外の大学や研究機関、研究者が自由に参加し、研究成果を広く世界に発信する感染症研究の国際拠点とするとともに、「民」が参加する基礎研究開発のモデルに育てたく考える。

〝科学技術大国〟の輝き維持

ただし、こうした流れを全国的に広く作り出していくには、やはり財界の総本山である日本経済団体連合会が企業や個人に呼び掛け、国民的な盛り上がりを生み出すような試みこそ必要と考える。そうした形ができたとき、「物理学賞」や「化学賞」「生理学・医学賞」を中心に多くのノーベル賞受賞者を輩出した〝科学技術大国〟の輝きを今後も維持することが可能になる。

戦後70年余、わが国は平和憲法の下で豊かな社会を築いてきた。災害大国として、しばしば大規模災害に直面したものの今回のコロナ禍のように、すべての国民が同時に感染の恐怖と向き合う事態は初めてと言っていい。

とかく軍事面から賛否を争う傾向が強かった「有事」「安全保障」に対する国民の議論にも変化が出よう。国民を巻き込んだ基礎研究、基盤の強化は、そのまま国の強靭《きょうじん》化にもつながる。

こども家庭庁は基本法と一体で

二〇二二年三月一五日

子供対策を一元的に担う「こども家庭庁」（以下家庭庁）が来春にも内閣府の外局として設置される見通しが強まっている。多省庁に分散した業務を集約し、縦割り行政の弊害を解消するのが狙いだが、子供問題は近年、一段と複雑・多様化し、各省庁が所管する子供関連の個別法も多い。

子供対策の司令塔

家庭庁を子供対策の司令塔として機能させるには、その理念や基本方針が広く共有されなければならない。そうでなければせっかくの新組織も「仏作って魂入れず」になりかねないからだ。

日本財団では一昨年9月、有識者による研究会の議論を経て子供の権利を包括的に定める「子ども基本法」（仮称・以下基本法）の制定を提言し、筆者も同1月、本欄に「基本法で子供育成の新理念示せ」を投稿した。家庭庁の創設と基本法の制定が一体で行われるよう重ねて提案する。

わが国は平成6（1994）年に国連の子どもの権利条約に批准した。しかし、「子どもの最善の利益」など条約が定める原則は国内法で守られているとして新法整備を見送ってきた。この間、虐待やいじめ、不登校、自殺が大幅増加するなど子供をめぐる環境は厳しさを増し、同年度1961件だった児童相談所（児相）の児童虐待相談対応件数は令和2（1990）年度、20万5044件と四半世紀で100倍を超えた。

試みに文部科学省や厚生労働省などの統計を基に、経済的困難や虐待、いじめ、不登校などに直面する子供数を積算した結果、小学1年生では延べ数が100人中34・3人に上っていた。複数の困難を抱える子供もおり、若干の割引が必要としても3人に1人というのはどう見ても尋常ではない。

行政や学校の対応に遅れ

悲惨な虐待事件も増え、行政や学校が対応できていないケースも目立つ。今年1月、岡山市で6歳の女児が死亡したケースでは、逮捕された母親と交際相手の男による深刻な虐待を、市こども総合相談所が「軽度」と判断し、対応が遅れたと報じられている。

家庭庁には厚労省が所管する保育所業務や内閣府の認定こども園などが移管されるが、幼稚園は引き続き文科省の所管となり、懸案の「幼保一元化」は実現しない。児童福祉法、子ども・若者育成支援推進法など関連する法律は多く、立て付けも複雑。家庭庁の業務を充実させるためにも、柱となる基本法の制定は不可欠となる。

一昨年の提言には、行政から独立した立場で子供の権利が守られているか調査・勧告する機関として「子どもコミッショナー」の導入も盛り込んだ。自民党には慎重論も多いと聞くが、既に世界70カ国以上が導入しており、子供問題を〝第3の目線〟でチェックする機関の設置は家庭庁の機能を強化する上でも有効と考える。

古来、日本には子供を宝として家庭・地域社会で大切に育てる文化があった。その精神は日本人のDNAの中に今も生きていると思う。しかし、核家族化が進み地域社会が崩壊した現代、精神論だけでは対応できない。

例えば不登校。文科省によると、小・中学校における不登校児童生徒数は令和2年度19万6000人、この10年間で6割以上も増えた。ひとり親家庭で子供が不登校になれば、親が仕事を続けるのも難しくなる。

日常的に親や祖父母の介護や世話に追われるヤングケアラー対策も緒に就いたばかり。実態把握も遅れている。家庭庁がこれら子供や家族、家庭を守る要の組織となるべきは言うまでもない。

子供問題の背景には、深刻化する少子化問題も控えている。近年、世界の人口は100億人に達する前に減少に転ずる、といった見方が強まっている。人口爆発が資源の枯渇や温暖化を引き起こしている現状を前にすると、自然の流れといえよう。ただし、あまりに急速な少子化は現在の若者世代、さらにこれから生まれてくる子供たちの負担を過大にし、医療や社会保障など社会システムの根幹を危うくしかねない。

昨年春、米国や中国など計8カ国の18〜69歳の女性各500人にインターネットで理想の子供数を聞いたところ、中国、韓国は1・8〜2・0人、残る6カ国は2・1〜2・4人と現在の出生率を上回った。

子供を安心して産み・育てる環境が整備されれば、合計特殊出生率（1人の女性が生涯に産む子供の数）が、人口が均衡状態となる人口置換水準（日本の場合は2・07）を大きく下回る各国の現状が改善できる可能性があることを示す数字であろう。

未来社会を切り開く投資

その意味で子供対策の強化は創造的な未来社会を切り開くための「投資」である。家庭庁の創設を基本法の制定、「子どもコミッショナー」の導入と一体で進めることで家庭庁の求心力も増す。国、自治体、民間の役割分担も明確となろう。そうした前向きの取り組みが、社会全体で子供を健全に育てるシステムを強化していくことになると確信する。

看護師の新国家資格に道を拓け

二〇二三年三月二三日

65歳以上の高齢人口がピークを迎える「２０４０問題」を前に、医師の指示を受けずに看護師が一定の診療や治療ができる新たな国家資格創設の是非について内閣府の規制改革推進会議の作業部会で検討が進められている。

看護師が一定の医療を担う

想定されているのは、欧米で普及するナース・プラクティショナー（ＮＰ）制度の日本版。日本看護協会が早期実現を求めているのに対し、日本医師会は反対の立場を表明している。

高齢化の進行で医療需要は今後も引き続き増大し、複雑多様化する。医師、看護師を短期間で大量に増員するのは容易ではない。ここは制度を手直しし、医療サービスの選択肢を増やすのが現実的な対応策と考える。

ＮＰ制度は１９６５（昭和40）年に米国で導入され、現在は欧米各国やシンガポールなどで普及している。看護師の力を生かす現実的な選択肢であり、わが国でも早期に制度が確立されるよう求めたい。

令和4（2022）年版厚生労働白書によると、令和22年の高齢人口は約3900万人、全人口の35％を占める。医師、看護師、介護士ら1070万人の医療・福祉人材が必要になり、全体で96万人が不足すると推計されている。

医師法は「医師でなければ、医業をなしてはならない」と定め、保健師助産師看護師法は看護師の役割を「診療の補助」と位置づけている。岸田文雄首相は昨年末の規制改革推進会議などの合同会議で、医師の仕事の一部を看護師に移行する「タスクシフト」の具体化を求めており、作業部会も看護師が自らの判断で一定の診療行為を行うことを可能にする新たな国家資格の創設が中心テーマとなる。

日本でも平成21年から日本NP教育大学院協議会がNPの養成に向けた教育を開始し、昨年3月現在で、760人が資格の認定を受けている。5年以上の看護師経験を持ち協議会が実施するNP資格認定試験に合格した看護師で、「診療看護師」とも呼ばれている。

揺らぐ日本の保健医療制度

このほか、医師の指示の下で脱水時の点滴など診療を補助する特定行為看護師や、熟練した看護技術・知識を身に付け水準の高い看護を行う認定看護師を育成するための研修教育制度も用意されている。診療看護師も含め、多様化する医療需要の受け皿として力を発揮するだろう。

しかし、診療看護師はあくまで民間の認定資格であり、一定レベルの診療行為を行うものの、医師の指示の下で業務を遂行することに変わりはない。その意味で新たな国家資格と位置付けられるＮＰ制度とは性格を異にする。

海外に目を移すと、米国より遅れてＮＰ制度を導入した英国では、例えば乳がん患者の治療法を外科治療（手術）にするか、抗がん剤を使った化学療法にするか決める際、患者を見てきたＮＰ看護師と医師が対等の立場で話し合い最終判断を下すという。

そうした違いもあり、日本看護協会では令和４年度予算・政策に関する要望書でＮＰ制度創設に向けた検討を早期に開始するよう政府に求めている。約４００の訪問看護ステーションを対象にした調査で、７割を超える施設が「医師の指示が得られず症状が悪化した事例がある」との回答を寄せたとも報告されている。

急速な高齢化でおよそ20年後には65歳以上の世帯の約4割、８９６万世帯が一人暮らしとなる。人口減少が進む中山間地では病院や医師の確保が難しい町や村も出ている。高齢者が遠隔診療やオンライン診療を利用するのも容易ではない。大手病院での「２時間待って５分の診療」より、日常的に健康状態を見守ってくれる看護師の存在がより重要となっている。全国で稼働する訪問看護ステーションは令和4年現在、全国で1万4000に上る。軽度の皮膚疾患や慢性疾患に関する薬は、症状に変化がない限り、日常的に高齢者に接し健康状態をよく知る訪問看護師の判断に委ねてもいいのではないか。

わが国は世界に誇る保健医療制度で世界一の長寿国になった。しかし、少子高齢化の流れの中で、その制度も揺らぎ、パンデミック（世界的大流行）となった新型コロナ禍では医療をめぐる多くの問題点が表面化した。近年は医師や看護師、介護士ら医療・福祉関係者の長時間労働も深刻な問題となっている。

医師会もNP制度に協力を

「食」と同様、「医療」が崩壊すれば社会は成り立たない。NP制度の創設は、時代に合わせ日本の医療を見直す格好の機会にもなる。日本医師会も胸襟を開いてNP制度の創設に協力されるよう切に求めたい。

われわれの姉妹財団の笹川保健財団も、当面10年間で100人を目標に、NP制度習得に向け米国やカナダに留学する看護師の支援に取り組んでいる。「民」の立場で、NP制度の確立にささやかでも協力していく決意だ。

NP制度先送りは残念で不可解

二〇二三年六月二八日

政府の規制改革実施計画が16日、閣議決定され、焦点の一つとなっていたナース・プラクティショナー（NP）制度の創設については「導入する要望に対してさまざまな指摘があったことを適切に踏まえる」と記すにとどめ、制度創設に対する政府としての基本方針は示さなかった。

「またも先送りされた」

筆者は複雑かつ多様化する医療需要に効率的に対応していくためにも、医師の指示を受けずに一定の診断・治療を行うことができる日本版NP制度は早期に導入されるべきだと考え、3月、本欄に「看護師の新国家資格に道を拓け」の一文を投稿した。

その意味で閣議決定の結果は極めて残念で不可解だ。「またも先送りされた」との思いを強くする。岸田内閣の目玉政策の一つである「異次元の少子化対策」も、焦点の財源確保策は見えない。「決められない政治」のイメージが国民に広がる事態を憂慮する。

背景には、早期の国家資格化を求める日本看護協会と、これに反対する日本医師会、日本薬剤師会の対立がある。閣議決定に先立って行われた規制改革推進会議の医療・介護・感染症対策ワーキンググループの議論では、日本看護協会が日本看護系大学協議会、日本NP教育大学院協議会と連名で、「訪問看護師と医師の連絡がうまく取れないまま患者への対応が遅れるケースが増えている」などとして、NP制度導入を求めた。

これに対し、日本医師会は日本病院会、全日本病院協会など4団体と連名で、医療の安全確保、医療事故に対する責任を中心に「反対」を打ち出し、日本薬剤師会も訪問看護ステーションに配置される医薬品の拡大に「断固反対」を表明していた。

高齢化の進行で医療は病院中心から在宅に移行しつつあり、政府も第1次ベビーブーム（昭和22～24年・1945～47年）に生まれた団塊の世代が75歳以上の後期高齢者となる2年後（令和7年・2025年）を目標に、住まいや医療、介護、予防などを一体的に提供する地域包括ケアシステムの構築を急いでいる。既に全国に1万5000カ所を超す訪問看護ステーションがあり、日本財団の姉妹団体である笹川保健財団も在宅看護センターの整備とネットワーク化に取り組んでいる。

少子高齢化の進行で全産業の労働者が減少する中、医療分野の需要は膨らみ、医師、看護師の不足が深刻度を増している。人口1000人当たりの医師数は2・4人。経済協力開発機構（OECD）38カ国の平均3・5人を大きく下回り、看護師不足も令和7年時点で6万〜25万人に達すると推計されている。

効率高い医療の実現が急務

限られた人材で多様化する医療需要に応えるには、対応する受け皿を増やし、効率の高い医療を実現していく必要がある。NP制度は1965年に米国で始まり、現在、約25万人がNP資格を持ち、医師と連携しながら医療を支えている。欧州各国やオーストラリア、シンガポールも導入に踏み切り、世界的に広がる流れにある。

医師と看護師の中間に位置する新たな資格といえ、医療需要の増加と多様化で医療人材の不足が深刻化する中、医師に偏在している医療業務の一部を肩代わりできる。医療需要への効率的な対応が進むことで、深刻度を増している医師や看護師の長時間労働を和らげる効果も期待でき、医療の安定にもつながる。

国立社会保障・人口問題研究所が4月に発表した日本の将来推計人口によると、現在1億2600万人の総人口は令和38（2056）年に1億人を割り、同52（2070）年に8700万人に減少、65歳以上の人口は現在より10ポイント近く多い39％に達する。

長期間にわたり人口減少と高齢化が進む結果、高齢者の単独世帯が増加し、都市と地方の医療格差が一層拡大、病棟看護と訪問看護の分化も一段と進む。世界に冠たる国民皆保険制度を時代の変化にどう適応させていくか、「待ったなし」の状況にある。

規制改革実施計画に盛り込まれている「地域の在宅患者に対し最適のタイミングで必要な医療が提供できないため患者が不利益を被る」事態は何としても避けなければならない。NP制度はそうした事態に有効に対応する選択肢の一つと考える。

差別の原点はハンセン病にあり

二〇二四年二月二七日

筆者は2月12日、世界保健機関（WHO）のハンセン病制圧大使としてアフリカの最高峰キリマンジャロ（5895m）に登頂し、「Don't Forget Leprosy（ハンセン病を忘れないで）」のバナーを掲げた。

「忘れられた病気」なのか

現在85歳、心臓ペースメーカーを装着する一級障害者で、多くの知人から無謀との指摘もいただいた。しかし、新型コロナ禍がパンデミック（世界的大流行）となったことから「忘れられた病気」になりつつあるハンセン病の深刻な現状を世界に訴えるため、あえて実行に踏み切った。

登頂に先立つ1月28日（世界ハンセン病の日）、スイスのWHO本部で同じ危機感を持つテドロス・アダノム事務局長と共同宣言を発表し、ハンセン病の制圧と差別撤廃を訴える19

回目のグローバルアピールも発表した。

ハンセン病は紀元前のインドの古典や奈良時代の『日本書紀』にも記録が残り、「業病」、「不治の病」として恐れられてきた。１９８１年に多剤併用療法（ＭＤＴ）と呼ばれる治療法が確立され「治る病気」となった。１９９１年にはＷＨＯ総会で「人口１万人当たり患者数１人未満」の公衆衛生上の制圧目標も設定された。

１９９５年から５年間、日本財団がＷＨＯに計５０００万ドルを供与し、世界のどこでもＭＤＴを無料で入手できる態勢を整備、２０００年以降はスイスの製薬会社ノバルティスに引き継がれた。１６００万人を超す患者がＭＤＴ治療を受け回復している。

この間、１２１カ国から制圧目標達成が報告され、１９８５年当時１２２カ国に上った未制圧国は現在、ブラジル１カ国だけになっている。２０１０年には日本が中心となって提案した「ハンセン病の患者・回復者とその家族への差別撤廃決議」も国連に加盟する１９２カ国（当時）の全会一致で採択された。

順調な流れにも見えるが、実際にはハンセン病の特異な側面が対応を難しくしてきた。まずは初期段階で痛みや熱の症状がほとんどない点。患者が自ら医療機関で受診することは少なく、気付いたときには指の変形などの症状が出ていることが多い。

制圧を妨げる特異な側面

感染すると、本来、親身になって世話をする家族からも見捨てられる。このような病気は他にない。患者、回復者は、治る病気となった今もコロニーと呼ばれる場所で肩を寄せ合って生きている。

他の感染症に比べて感染者数が少ない点も特徴といえるかもしれない。WHOの資料によると、新型コロナの世界の累積感染者数は2億4600万人、2022年のマラリアの感染者は約2億4700万人に上った。圧倒的に患者数が上回る他の感染症の存在が、ハンセン病に対する行政の対応の手薄さにつながっている。

著者は2001年にハンセン病制圧大使に就任して以降、世界の120カ国を何度か訪問し、各国指導者にハンセン病対策の強化を求めてきた。しかし、関連予算の少なさに驚かされることが多い。患者数が少なく、公衆衛生上、優先度が低いということのようだ。

このほか、実際には世界にはいまだに調査が行き届いていない「ホワイトエリア」が多く存在する。アフリカの最高峰をバナー掲載地に選んだのは、この地にそうした地域が多いためだ。

日本を含め欧米先進国でハンセン病を「過去の病気」ととらえる雰囲気が強いのも、対策を進める上で支障となっている。移民・難民が増加するヨーロッパで最近、患者が見つかるケースが増え、変化が出る可能性もあるが、世論を喚起すべきメディアの関心は残念ながら驚くほど低い。

しかし、ＷＨＯに毎年、世界各国から報告される新規の患者数は20万人に上る。数字の上からも、ハンセン病は過去の病気ではなく現在進行形の病気であり、対策を急ぐ必要がある。新型コロナ禍の拡大に伴い、ハンセン病対策が後退する事態が多くの国で発生した。20万人を大きく上回る新規患者の発生や、１２１の制圧国の中に再び基準を上回る患者が発生している国が出ていないか、憂慮している。

ＷＨＯは２０２１年、「２０３０年までに世界１２０カ国でハンセン病患者ゼロを達成、新規患者を70％減らす」とする画期的な世界戦略を発表した。治療薬の無償供与態勢は整っており、看護師らによる新規患者の早期発見態勢整備がポイントとなるが、実現は容易でない。

「正しく恐れる」心構え必要

感染症は人類共通の敵であり、新たな感染症は今後も登場する。無用な混乱を減らし、冷静に立ち向かうためにも「むやみに恐れる」のではなく「正しく恐れる」心構えが必要になる。

紀元前から長く人類を苦しめてきたハンセン病は偏見・差別の原点でもある。患者・回復者が直面する現実に改めて目が向けられる必要がある。筆者は生ある限り、世界のハンセン病制圧に命をささげる覚悟でいる。

第七章 ● 私のニッポン元気論

―― 強靭な精神で国難に立ち向かおう

年頭にあたり　大いなる楽観が国の将来を開く

二〇一七年一月六日

確実に増える未来志向の若者

私はかねて、日本の現状や将来を悲観的に見る知識人の考えに疑問を持ってきた。多くの課題を抱えているとはいえ、日本は世界で最も豊かで安定した国であり、何よりも素晴らしい未来志向を持った若者が確実に増えてきているからだ。

確かに現状では、将来を悲観的に見る若者の方が圧倒的に多い。内閣府が平成25（2013）年、日本を含めた7カ国の13〜29歳の男女を対象に行った意識調査でも、自分の将来に「希望がある」と答えた日本の若者はわずかに12・2％。2番目に低かったフランスの半分、最も高かった米国の4分の1以下で、「どちらかといえば希望がある」を加えた数字も各国と20〜30ポイントの開きがあった。

背景には少子高齢化や地方の過疎化、国債や借入金など国内総生産（GDP）の約2倍、1050兆円にも上る国の借金など不安要因の増加がある。毎年1兆円近い社会保障費の膨張が年金や医療制度の将来に不安を投げ掛けている点も見逃せない。

世界の富の半分をわずか1％の富裕層が独占するとされる中、「平等社会」といわれた日本でも格差は拡大傾向にあり、われわれが行った調査では子供の6人に1人が貧困状態にあり、このまま放置した場合、生涯の社会的損失は42兆円に上ると推計されている。

しかし事態は、先の見えない混乱が続く中東は別にしても、移民問題などで「極右」勢力が台頭する欧州連合（EU）や大統領選で世論が大きく割れた米国などの方がはるかに深刻である。

内向きと決めつけるのは早い

だから日本の未来の方が明るいと言うのではない。私が、わが国の未来に希望を持つのは、近年の若者世代の新たな変化に期待してのことだ。厚生労働省の調査によると、大卒者の就労3年以内の離職率は3割にも上っている。

仕事で全国各地を回り、ボランティア活動などに取り組む若者と話すと「普通に生活できるのであれば、社会に役立っていると実感できる仕事にかかわりたい」と語る若者が驚くほど増えているのを実感する。「一流大学を出て一流会社に就職する」といった若者の価値観は確実に変化し始めている。

昨年9月に都内で開催した「ソーシャルイノベーションフォーラム」にも全国から2千人を超す若者が詰め掛け、人口減少など、この国の将来について3日間にわたり熱い議論を行った。自民党青年局長を務めた小泉進次郎衆院議員も出席、「悲観的な考えしか持てない人口1億2000万人の国より、将来を楽観し自信に満ちた人口6000万人の国の方が、成功事例を生み出せるのではないか」と語り、会場から拍手が起きた。

わが国は戦後、一貫して行政主導で発展してきた。しかし社会が複雑多様化する中、国や自治体だけであらゆる課題に対応するのはもはや、不可能。行政の側にも若者を中心とした「民」との協力を模索する動きが強まっている。

こうした新しい動きが若者の社会参加を促し、社会づくりに向けた若者の意欲・責任感も一層高まる。国の将来にとってこれに勝る力はない。海外への留学生の減少といった一事で「若者は内向き」と決め付けるのは早計である。

日本が変わる好機ととらえよ

わが国には総額340兆円、連続25年間、世界一を記録する対外純資産もあり、国債残高もギリシャなどと違い90%以上を国内の投資家が保有する。失業率も3%台と各国に比べて低く、豊かな自然、治安の良さ、先端的な省エネ技術など新しい時代を切り開く知恵も豊富にある。

加えて世界有数の災害多発国として育まれた安全意識や思いやり、協調性、親切心といった世界でも稀《まれ》な特性がある。地震や台風など大災害で助け合い、協力して復興を目指す日本人の姿こそ社会づくりの基本となる。

近年、ＣＳＲ（企業の社会的責任）に代わる企業の社会貢献策として注目されるＣＳＶ（共通価値の創造）も、江戸時代に近江商人が確立した経営哲学「三方よし」（売り手よし、買い手よし、世間よし）が、その精神を先取りしている。株主の利益を第一とする外国企業と違い、日本企業の多くは３００年を経た現在も定款で「社会貢献」をうたっており、ＣＳＶの受け皿は十分、整っている。

「悲観論者はあらゆる好機の中に困難を見つけ、楽観論者はあらゆる困難の中に好機を見つける」（ウィンストン・チャーチル英元首相）という。新たな秩序確立に向け国際社会が激動する中、日本が大きく変わる好機である。

恵まれたこの国の特性や、次代を担う若者の意識の高まりを前にすれば、日本の将来を悲観する必要は全くない。

大いなる楽観こそ、この国の将来を切り開く、と確信する。高齢者も含め、皆が明るい希望を持って努力すべきときである。

人材育成に偉人教育の活用を

二〇一九年五月二三日

一万円、五千円、千円紙幣の肖像が令和6年度をめどに渋沢栄一、津田梅子、北里柴三郎に刷新されることになった。新たな「顔」となる3人は、明治時代の経済、教育、医学の分野で近代日本の礎を築いた偉人である。

久々に蘇る明治の偉人

『万葉集』を出典にした初の和製元号「令和」に対する期待、歓迎ムードが高まる中、紙幣刷新も予想以上に好評のようだ。明治の偉人が久々に蘇《よみがえ》る姿に、偉人伝に胸を躍らせた幼時を思い出す。

戦後教育の中で偉人教育はすっかり影が薄くなったが、偉人が追い求めた理想やその生きようは、子供たちの夢を育てる格好の教材となる。昨年4月から全国の小学校、今春からは中学校で「特別の教科　道徳」が教えられるようになった。令和の時代を迎え「偉人教育」

を積極的に取り込み、子供たちの人格形成に役立てるよう望みたい。

新しい3人の「顔」は、前2回（1989年、2004年）の紙幣刷新と同様、「国民に親しまれる明治以降の文化人」から選ばれた。渋沢栄一は500に上る企業の創設・育成のほか、社会福祉や教育機関の創設に関わり、「日本資本主義の育ての親」と呼ばれる。自国第一主義や少数の富裕者に富が集中する利益至上主義、株主資本主義が加速する中、「利益を求める経済の中にも道徳が必要」と唱えた渋沢の「道徳経済合一説」が改めて注目される。

昨今、大企業の不祥事が相次ぎ経営トップがおわびする事態が相次いでいる。深々と頭を下げる姿を見るにつけ、企業がどうあるべきか、あらためて渋沢の精神を学んでほしい気さえする。

津田梅子は7歳で米国に留学、津田塾大を創設した女子教育のパイオニア。北里柴三郎は破傷風の血清療法を確立、「近代細菌学の父」と呼ばれ、ともに大きな足跡を残した。

日本を代表する歴史や文化を築いた偉人はどの地方にも存在し、地域の人びとの心に刻まれている。例えば「米百俵」の逸話で知られる旧長岡藩の小林虎三郎。戊辰戦争の敗戦で城下町が焼け野原になり藩士が食にも困る中、藩の大惨事として、他藩から贈られた見舞いの米百俵を売却、子供の教育に全力を注いだ。多くの人材が育ち、その教育理念は今も長岡市に引き継がれている。

江戸時代、「江戸の八百八町」「京都の八百八寺」と並んで「浪速の八百八橋」と呼ばれた大阪。実際にある橋の数は約200。江戸では多くが幕府によって造られたのに対し、大阪は高麗橋など一部を除いて大半が町民によって架けられた。「八百八橋」は浪速の町民の心意気、力を伝える言葉として今も生きている。

偉人の足跡通じ郷土に誇り

子供が生まれ育った郷土に誇りを持つには、偉人の足跡を知るのが何よりも早道である。近年、道徳教育の在り方をめぐり、各地で偉人の教え方や評価方法など多角的な議論が進められている。こうした中から「郷土の偉人に続け！」「偉人を道標に」といった理念の下、郷土の偉人の言葉や業績を教育に取り込み、子供に未来の夢や目標を持たせる試みも生まれてきているようだ。戦後の教育の場で、偉人の伝記などが教材として活用されるケースは驚くほど減った。戦後の占領政策で連合国軍総司令部（GHQ）が、戦前の教育すべてを否定する教育政策を強引に推し進めた結果である。

藤原正彦氏の『日本人の誇り』（文春新書）に世界数十カ国の大学や研究機関が参加して18歳以上の男女を対象に行った世界価値観調査の結果が紹介されている。平成12（2000）年の調査で、「日本人は『祖国を誇りに思う』の項目で世界最低に近い」というのだ。

戦後の自虐史観が色濃く投影された結果であり、戦後の平和日本に対する国際的な評価の高さとの落差はあまりに大きい。

令和の幕開けに当たり、安倍晋三首相は国民代表の辞で「平和で、希望に満ちあふれ、誇りある日本の輝かしい未来を創り上げていく」と決意を述べた。

わが国が、世界の先頭を切って進む少子高齢化にどう対応していくか、モデルとなる先例はない。国を支える15~64歳の生産年齢人口も急減する。1100兆円にも膨らんだ国と地方の借金残高、いつ起きてもおかしくない大災害など課題は尽きない。

新転換期に多彩な人材育成

資源のない日本が今日あるのは、人材育成に傾注してきたからに他ならない。背景には、艱難《かんなん》辛苦を乗り越えた偉人とこれを支えた人々の貢献があった。次代を担う若者の家族愛や郷土愛、祖国愛なくして国の明るい将来はもちろん、地方創生もない。

ＡＩ（人工知能）の発達やグローバル化が進む現代は明治の維新期と同様、社会の大きな転換期にある。10年、20年先には、社会の在り方も仕事の形も大きく変わる。多彩な人材の育成に向け、さまざまな取り組みが欠かせない。その柱の一つが「偉人教育」である。

18歳の意識の低さをどう見るか

二〇一九年一二月一八日

「自分で国や社会を変えられると思う」と答えた日本の若者は5人に1人（18・3％）、国の将来が「良くなる」は10人に1人（9・6％）――。日本財団が先に「国」や「社会」をテーマに、欧米3カ国（米国、英国、ドイツ）とアジア6カ国（中国、インド、インドネシア、ベトナム、韓国、日本）の17～19歳、各1000人を対象に行った「18歳意識調査」の結果である。

「将来が良くなる」は9・6％

内閣府が昨年末、欧米など6カ国と日本を比較した7カ国調査でも政治やボランティア活動、社会問題の解決に関心が低い日本の若者像が浮き彫りにされており、ある程度、予想された結果とはいえ、あまりの数字の低さに驚きの声も上がっている。ただし、筆者は悲観する必要はないと考える。

確かに「自分を大人だと思う」「自分は責任がある社会の一員だと思う」「社会課題について家族や友人などと積極的に議論している」に対する日本の若者の回答は、それぞれ29・1%、44・8%、27・2%と他の8カ国の平均より42～47%も低い。国の将来に関しても「悪くなる」が37・9%、「どうなるか分からない」の32%を加えると、70%が将来に不安を抱き、「国の役に立ちたいとは思わない」だけが14・2%と9カ国のトップとなっている。

東京都内で11月29日から3日間、開催された日本財団のフォーラムで結果が紹介されると、会場からは驚きの声が上がった。69・6%が国の将来を「良くなる」と答えたベトナムの女子留学生は「わが国は貧しく15歳になると皆が働き始める。18歳にもなれば、国や社会から何を期待されているか誰もが自覚している」と豊かで自由な日本の18歳の姿に疑問を投げ掛けた。

祖国への誇りが育ちにくい教育の現状

「最近の若者は社会との接点が希薄で世の中を知らない」「〝大人が認めてくれない〟と決め付け、積極的に動こうとしない」「国の将来に向け、何をしたらいいのか分からない若者が増えている」といった指摘もあった。だからといって日本の若者の現状を嘆くだけでは何も始まらない。経済発展が急速に進む中国やインド、インドネシア、ベトナムの若者が国の将来に向け高い貢献意欲を持つのは、ある意味、当然の姿である。

これに対し日本は、世界が経験したことのない速度で少子高齢化が進み、国の借金も地方分を合わせGDP（国内総生産）2倍の1000兆円にも上り、どうすべきかいまだに「解」は見えない。難題山積の現状に、若者が将来に明るい展望を持てないのは、仕方ない話でもあるのだ。EU（欧州連合）からの離脱で揺れる英国の若者の43・4％が「悪くなる」と答えているのも同じ理由だ。

加えて、国の根幹である外交や安全保障よりスキャンダルなど内政課題が優先されがちな国会や、「日の丸君が代問題」などで祖国への誇りが育ちにくい教育の現状が、若者の「国の在り方」を考える妨げにもなっている。知識優先の教育で若者の想像力や判断力が育ちにくい面もある。逆に言えば、こうした政治や教育の現状を改善すれば、国や社会の将来に対する日本の若者の関心が高まる余地は十分にある。現に9カ国中最下位といえ、44・8％は「自分は責任がある社会の一員だと思う」、60・1％は「将来の夢を持っている」、46・4％は「自分の国に解決したい社会課題がある」と答え、受け皿は十分にある。

解決したい社会課題の1、2位に「貧困をなくす」「政治を良くする」が並び、「どのようにして国の役に立ちたいか」でも「きちんと働き納税する」「学業に励み立派な社会人となる」「ボランティアをする」が上位に並んでいる。過去に実施した国の借金に対する調査でも、70％以上が「不安」と訴える一方で、「借金を増やしてきた世代で負担すべき」とする声の2倍を超す若者が「国民全体で負うべき」と答え、「自分たちで負うべき」とする回答も5％に上った。若者としての覚悟と責任感の表れと理解する。

大人世代は環境整備する責任

2014年に史上最年少の17歳でノーベル平和賞を受けたパキスタンの人権活動家マララ・ユスフザイさんや今年9月、米ニューヨークで開催された国連気候行動サミットで世界の若者に温暖化防止に向けた行動を呼び掛けたスウェーデンの少女グレタ・トゥンベリさんを見ると、グローバル化が進む国際社会で今後、若者の声が一段と重みを増す予感がする。豊かな可能性を持つ若い人材は、わが国にもたくさんいる。大人世代には、政治や教育改革など彼らが育つ環境を整備する責任がある。

18歳意識調査は改正公職選挙法で新たに有権者となった18、19歳の意識を探るため、対象を17～19歳に特化して18年9月からスタートし、今回の9カ国調査で20回目を迎えた。次代を担う若者の意見を今後の社会づくりに反映させるためにも、さらに信頼の高い調査に育てる必要性を痛感している。

年頭にあたり　基本法で子供育成の新理念示せ

二〇二〇年一月一〇日

「世界中で日本ほど子供が大切に扱われる国はない」。明治初期、東京大学で生物学を教え、大森貝塚を発見した米国のエドワード・モースが著書『日本その日その日』に記した言葉である。同時期に日本各地を旅した英国の女性旅行家、イザベラ・バードも「これほど自分の子供をかわいがる人々を見たことがない」（『日本奥地紀行』）と書き残している。

以後、約1世紀半、わが国は近代化が進み、格段に便利で豊かになった。その一方で育児不安や児童虐待が増え、児童相談所が2018年度に対応した心理的虐待、身体的虐待、ネグレクト（育児放棄）など児童虐待は過去最高の15万9850件（厚生労働省速報値）に上っている。

薄れる「子供は宝」の文化

背景には核家族化や少子高齢化、地域社会の崩壊が進み、子供を「社会の宝」として地域全体で見守り、育てる日本の伝統文化が急速に薄れてきた現実がある。この際、新たな子育て文化の確立が必要と考える。そのためにも新しい子育ての理念、基本方針を盛り込んだ「子供基本法」（仮称）の制定を提案したい。

世界196の国と地域が批准する「子供の権利条約」は、すべての子供の「生きる権利」「育つ権利」「守られる権利」「参加する権利」を定めている。わが国も1994年に批准し、児童虐待防止法や少年法に加え2016年の児童福祉法改正では、児童養護を施設中心から家庭中心に転換する方針を打ち出している。

しかし、各法令を主管する省庁間の縦割り行政の限界もあり、急速な社会の変化に対応できていない。権利条約採択30年の昨年夏、公益社団法人「セーブ・ザ・チルドレン・ジャパン」が15歳から80代まで全国約3万人を対象に実施した調査では、子供世代、大人世代とも、日本で守られていない子供の権利のトップに条約第19条が規定する「子供は親から暴力やむごい扱いを受けないよう守られている」（虐待・放任からの保護）を挙げた。

残念なことに2018年3月には東京都目黒区で5歳の女児、昨年1月には千葉県野田市で10歳の女児が父親の虐待で死亡する痛ましい事件も起きた。「国連子どもの権利委員会」も昨年、日本政府に宛てた総括所見で「子供への暴力、性的な虐待や搾取が高い頻度で発生している」と懸念を表明し、子供本人による虐待被害の訴えや報告を可能にする機関を創設するよう求めている。

保護対象ではなく権利の主体

英国などで導入されている子供コミッショナーやオンブズマン制度が参考になろう。これらの制度では、子供の権利や利益が守られているか調べ、必要に応じて政策提言を行うなど実効を上げているようだ。

日本社会は時に、「子供の人権が軽視される半面で親の権利が強すぎる」と評される。子供に対する大人社会の目線を「保護の対象」から「権利を持つ主体」に切り替え、子供が発するSOSに社会全体がもっと敏感になる必要がある。地域や家庭、学校、職場が一体となった子育て支援、母親に負担が集中している育児を社会全体で担う仕組みに切り替える努力も急務である。

政府は、子供権利条約の内容は既存の法令で実施可能として基本法の制定に消極的とも聞く。しかし、子供を取り巻く問題はあまりに多様で奥深い。基本法を制定して子育ての新たな理念を明確にし、広く社会全体で共有すれば、各法令のより効率的な運用にも道が開ける。

さらに近年、顕著となっているわが子にしか興味を示さない親の目線を広げ、少子高齢化時代にふさわしい新たな「地域ぐるみで子供を育てる文化」の創造につながると期待する。

わが国には日本財団が主導的に関わった2007年の海洋基本法をはじめ計50の基本法がある。子供の健全育成に関しては既に自民党の「児童の養護と未来を考える議員連盟」、超党派の「児童虐待から子どもを守る議員の会」が発足しており、昨年12月の合同勉強会には筆者も出席、子供コミッショナーが果たす役割について話させていただいた。

超党派の議員立法で制定を

昨年末に厚生労働省が発表した2019年の出生数は86万4000人と第1次ベビーブーム期の3分の1以下に落ち込んだ。予想を上回る少子化の進行の原因として、未婚率の上昇や晩婚・晩産化、仕事と子育てが両立しにくい社会環境などが指摘されている。換言すれば、それだけ子供を育てる環境の整備が遅れているということになる。

次代を担う子供を健全に育てるためにも、子供基本法は超党派の議員による議員立法として制定されるよう望みたい。モースらが見た子供を大切にする社会を取り戻すためにも、与野党を超えた活発な議論に期待する。

国難の今、「茹でガエル」と決別を

二〇二〇年四月二日

パンデミック（世界的な大流行）となった新型コロナウイルスと各国政府の必死の戦いが続いている。イタリア、フランス、米国などでは買い出しなど一部を除いて外出や移動を原則禁止し、違反した場合は罰金も科す。地下鉄やバスなど公共交通機関も運行本数を大幅に減らし、学校はほぼ全面休校となっている。

インドでは13億人の国民を外出禁止とし、違反した場合は罰金だけでなく最大6カ月の拘束、カナダも違反者に最大76万カナダドル（約5800万円）の罰金か禁錮6カ月を科すと報じられている。

対する日本。小池百合子東京都知事がロックダウン（都市封鎖）の可能性に言及して外出自粛を要請する中、かなりの人が花見で公園を訪れ、地下鉄も相変わらず混雑している。街並みから人影が消えた欧米各国とは緊張感が違う。

米紙が受け身姿勢の日本批判

各国に比べて感染者、死者数が低い（4月1日時点）現実が影響していると思われるが、いつも感じるのは危機に直面した場合の日本社会と欧米諸国との違いだ。自分で自分を守る自衛意識が強い外国に比べ日本では政府の対策を待つ受け身の姿勢が目立つ。米ニューヨーク・タイムズ紙が3月26日付電子版に掲載した「日本人は（新型コロナ対策を）真剣に受け止めていない」との批判記事にも、こうした違いが反映されている。

日本人の姿には権利意識と義務感のバランスを欠いた戦後社会の特徴が投影されている。東京・渋谷で街の声を拾ったテレビニュースで「うつっても軽くて済むから」と笑顔で語る若者の言葉に、他人に感染させないための気遣いや配慮は希薄な気がする。国債や借入金を合わせた「国の借金」が国内総生産（GDP）の約2倍、1100兆円に膨らんだ経過にも、将来世代にそのツケが回る厳しい現実に対する現役世代の配慮が欠けていた気がする。

主要20カ国・地域（G20）の首脳は26日のテレビ会議で、5兆ドル（約550兆円）を超える資金を新型コロナ対策に投じる方針を打ち出した。世界第3位のGDPを持つ日本も、当然、手厚い緊急経済対策が必要になる。カネはいくらあっても足りない。

世界は「ヒト」「モノ」「カネ」の動きが止まり、大不況の様相を深めつつある。赤字国債発行が検討されようが、厳しい財政の状況の中で制約もある。その意味で2018年度、過去最大の463兆円にも達した企業の内部留保（利益剰余金）に注目する。

今こそ「まさか」の非常時

内部留保は一般に配当や新規投資、従業員への還元（賃上げ）に充てられるが、わが国は新規投資が緩慢で、労働分配率も低かった。この20年、実質賃金は先進国の中で唯一減少し、内需が低迷。デフレ脱却が進まない原因となっている。筆者は2月本欄で、内部留保は労働者の賃金引き上げを抑制することで拡大したと書いた。

内部留保の増大は、経済界が1990年代のバブル崩壊や2008年のリーマン・ショックで資金不足に悩んだ体験を教訓に、「まさか」の事態に備え利益をため込む体質を強めたのが一因とされる。労働組合活動の弱さが助長した面もあった。非正規労働者の雇い止めや従業員の一時帰休、解雇が広がる今こそ、「まさか」の非常時だ。CSR（企業の社会的責任）の観点からも、労使で内部留保活用を検討されるよう望む。

関連して検討されている内部留保課税に対し、二重課税になるといった根強い反対論がある。しかし、身の回りには酒やガソリンのように物品税である酒税、ガソリン税をかけた上で消費税を課している現実もある。内部留保課税に特段の問題はないと考えるが、数年間の時限措置として実施する手もある。半分近い223兆円は現預金、その存在は大きい。

ドイツのメルケル首相は新型コロナウイルスとの戦いを「第二次大戦以来、最大の試練」と表現、トランプ米大統領も「戦時下の大統領だ」と危機意識を語り、安倍首相も「前例にとらわれない思い切った大胆な経済財政政策を講じていく」と語る。東京五輪・パラリンピックは延期が決まった。日本は今、欧米のような爆発的患者増（オーバーシュート）が起きるかどうかの瀬戸際にある。

自分で自分を守る気概不可欠

「茹《ゆ》でガエル現象」という言葉がある。カエルを常温の水に入れて徐々に水温を上げていくと、逃げ出すタイミングを失い最後に死んでしまうという寓《ぐう》話を基に、環境変化に対応する重要性や難しさを説く警句である。

新型コロナウイルスの恐怖に覆われた世界は経済システム崩壊の危機に瀕《ひん》している。戦後75年、平和を享受してきた日本も国難というべき厳しい状況にある。今後、世界は間違いなく大きく変わる。政治が率先して動くべきはいうまでもないが、何よりもまず自分で自分を守る気概が不可欠な時代が到来する。茹でガエル的〝弱さ〟は誰の心の内にも存在する。今こそ自分を厳しく見直し、茹でガエル状態と決別する時である。

今こそ強靱な精神を取り戻そう

二〇二〇年五月一一日

世界的大流行（パンデミック）となった新型コロナウイルスの感染拡大防止に向けた必死の戦いが続いている。今後を占う上で最近、気になる調査結果がふたつあった。ひとつは米誌「USニューズ＆ワールド・リポート」が1月に発表した「世界最高の国ランキング２０２０」。日本は文化的影響力などが評価され、評価対象73カ国中3位にランクされた。もうひとつはギャラップ・インターナショナル・アソシエーションが3月、世界30カ国で行った新型コロナウイルスに関する世論調査。「拡散防止に役立つなら自分の人権をある程度犠牲にしてもかまわない？」の考えに、オーストリアの95％をトップに平均75％が「そう思う」と答えた。対する日本の肯定的回答は最下位の32％。

豊かで平和な戦後社会を反映

双方とも平和で豊かな戦後日本社会を反映した結果だろう。しかし各国に比べ圧倒的に低い32％の数字は、強力な感染力を持つウイルスとの戦いでの〝弱さ〟に繋《つな》がる。わが国では、欧米など多くの国が打ち出した罰則付きの外出禁止令や都市封鎖（ロックダウン）といった強硬策は法制上も難しく国民の広範な支持がなければ強力な対策はとりにくいからだ。

自由で豊かな戦後社会で、日本の良き伝統である自助努力や共助の精神は希薄になり、権利意識と義務・責任感のバランスも崩れつつある。結果、国民は政治頼み・待ちの姿勢を強め、日本社会をリードした官界は国より保身に走り、政治も国の大論より聞こえがよい政策を競い合う傾向にある。

財務相の諮問機関である財政制度等審議会は平成30年間の財政運営を「受益の拡大と負担の軽減・先送りを求める圧力に抗《あらが》えなかった時代」と総括した。国債と借入金を合わせ１１００兆円にも達した国の借金はその結果である。

政治に欠ける迫力と説得力

コロナ対策では、収入が落ち込んだ世帯に30万円を給付する当初案が１人10万円の一律給付に変更された。所得格差が拡大する中、なぜ一律なのか。当初案に比べ、さらに８兆円の財源も必要だ。資金繰りに窮する中小企業や事業者への支援、高齢者から子供対策まで必要な資金は限りなく、カネはいくらあっても足りない。財政論を含め国会で厳しい論戦が見られなかったのは残念な気がする。

戦前の帝国議会で粛軍演説、反軍演説を行い、衆議院議員を除名された立憲民政党の斎藤隆夫は議会史に名を残す。国難の中、緊急事態を宣言して国民に外出自粛や大型イベント中止、小中高の休校を求める以上、政治はもっと迫力と説得力を持たねばならない。

もうひとつは深刻化する医療関係者への偏見・差別だ。医師や看護師本人に対する差別だけでなく、その子供の登園を自粛するよう求めた保育園や人事異動が決まった医師の引っ越しを業者が拒否した話には、驚きを禁じ得ない。防護服やマスクが不足する中、医療関係者の懸命の努力で医療は持ちこたえ、感染者・死者数も欧米に比べ低く抑えられている。

ウイルス感染は誰でも怖い。だからこそ皆で助け合い戦うしかないのだ。医療関係者を差別して、どうなるというのか。自分や身の回りの感染だけは防ぎたい、といった自分主義が透けて見え、日本人がいつここまで劣化したのか、不思議な気さえする。長年、ハンセン病に対する偏見・差別の撤廃を国際社会に訴えてきた立場からも看過できない。

戦後日本には「戦争がなければ平和だ」とする根強い考えがある。しかし、災害大国日本は常に自然災害と隣り合わせにある。つい最近も、富士山で１７０７年の宝永噴火と同規模の噴火が起きると、首都圏は大量の降灰で機能マヒに陥る、あるいは北海道沖から岩手県沖でマグニチュード（M）９級の巨大地震が起きると30メートル近い大津波が押し寄せる、といった警戒情報が政府の中央防災会議などから発表された。

立ち直るのは容易ではない

コロナウイルスの大流行も2002年の重症急性呼吸器症候群（SARS）、2012年の中東呼吸器症候群（MERS）に次いで今世紀で3回目。〝対岸の火事〟で済んだ日本は今回、SARS、MERSを体験した台湾、韓国のような備えを欠いた。あらゆる災害に対する備えが急務だ。誰もが、災害に「想定外」がないことを改めて肝に銘ずる必要がある。

資源の乏しいわが国は長年、教育を国づくりの柱に据え、大地震など数々の災害や大不況、多くの苦難を乗り越えてきた。その中で培われた強靱《きょうじん》な精神は誰もがDNAの中に引き継いでいる。

コロナ禍の出口はいまだ見えない。あらゆる動きが止まった国際社会は1929年の大恐慌以来の混乱の渦中にある。非常時とはいえ外国からの入国を禁止し、国内でも他府県からの訪問を拒否せざるを得なかった一連の対応は大きな傷痕を残し、立ち直るのは容易ではない。そういう時だからこそ、互いに助け合ってたくましく生きる日本人の強靱な精神を誰もが取り戻す必要がある。

「国家公務員諸君」自信と誇りを

二〇二一年二月二六日

新型コロナウイルスの感染拡大はいつ収束するのか、依然、先行きは不透明だ。しかし、コロナ後に国内総生産（ＧＤＰ）の2倍超にも膨れ上がった財政赤字や疲弊した国内経済をどう立て直すか。かつてない難問が待ち受けているのは間違いない。楽観論者である筆者もさすがに不安を感じる。

「国家崩壊の前兆」？

国難を乗り切るには国を挙げた取り組みが必要である。とりわけ霞が関官僚の専門知識、政策立案能力に期待したいと思う。敗戦後の日本が奇跡とまで言われた高度成長で復活した背景には優秀な霞が関官僚の力があった。

「国家の経済政策は政財界の思惑や利害に左右されてはならない」。作家、城山三郎が当時の通産省（現・経済産業省）を舞台に官僚の活躍を描いた『官僚たちの夏』には、国づくりにかけた高級官僚の熱い思いが記されている。いつの時代も、こうした力は最大限に活用されるべきである。

然《しか》るに近年、霞が関の士気や創造力の低下を指摘する声が目立つ。内閣人事局の資料によると、2019年度、20代の国家公務員総合職計87人が自己都合を理由に退職した。6年前の21人の4倍を超す。「辞める準備をしている」「1年以内に辞めたい」などと答えた30歳未満の職員も男性が14・7%、女性が9・7%に上った。河野太郎・国家公務員制度担当相は自身のブログに「危機に直面する霞ヶ関」と書かれたと聞くが、筆者に言わせれば「国家崩壊の前兆」である。

なぜこのような事態になったのか。政治主導が強まる中、官僚の自主性が失われ、自らの裁量で動ける範囲が狭まっている点に原因を求める声が多い。『ブラック霞が関』の著者、元厚生労働省官僚の千正康裕氏も月刊「正論」3月号の対談で、「官僚が自分発でものを考えるウエートがどんどん小さくなっている」と指摘する。

2014年に内閣官房に内閣人事局が創設され、各府省の局長級以上約600人の人事は内閣人事局の承認が必要となった。政治上位の流れである官邸主導が強まり、官僚が政治家の顔色をうかがい、「忖度《そんたく》」という言葉が聞かれるようになった。一連の文書改竄《かいざん》や統計ミスはその結果だろう。

加速する政治上位の流れ

政治上位の流れが加速する中、官僚が役所の政策や法案について質問する議員から事前に質問内容を聞き取るための国会待機も旧態依然の形で続いている。「2日前の昼までに通告」の申し合わせを守る議員は少なく、前日深夜まで待機してようやく質問内容を聞き、未明にかけて答弁書を作成し、大臣説明に間に合わせるケースも多いとされ、長時間勤務の大きな原因になっている。

コロナ禍の緊急事態宣言を受けオンライン活用も検討されているが、「対面」を重視する議員が多く、改善を強く申し入れれば、「国会軽視」の反発も予想され、見直しは思うように進んでいないようだ。かくして100時間を超える残業が常態化し、働き方改革の旗振り役である霞が関の対応が最も遅れ〝ブラック職場〟の言葉さえ生んでいる。

現状を変えるには、何よりもまず政治が変わる必要がある。この点は別の機会に触れるとして、少なくとも政治と官僚の役割分担をもっと明確にする必要があるのではないか。憲法にも明記されているように、「すべて公務員は、全体の奉仕者であって、一部の奉仕者ではない」。

長時間勤務や定額制で正規の残業代が支払われていないとされる点の改善も急務だ。内閣人事局の調査でも男性の39・7％は「収入が少ない」、同34％は「長時間労働で仕事と家庭の両立が困難」（複数回答）と答えた。グローバル化の進行で魅力ある民間職場も増え、若者の就職希望先が多様化するのは当然として、近年、国家公務員志望者が一貫して減少傾向にある点はもっと留意されるべきだ。

政府委員制度の復活を提案

併せて2001年に廃止された政府委員制度の復活も提案したい。現在も各委員会の求めに応じて各省庁の局長や審議官が説明に立つ政府参考人制度があるが、政府委員として答弁する政府委員制度とは役人としての矜持《きょうじ》も高揚感もおのずと違う。専門家の立場で法案の細部などを説明することに何の問題もないはずだ。

ポストコロナの時代はあらゆる価値観が変わる。与野党が新しい時代の大きな絵を描き、官僚が専門知識を基にさまざまな選択肢を用意する姿こそ望ましい。コロナ禍の中で東京一極集中の見直しやオンライン、テレワークを活用した教育・働き方改革、医療制度の見直しなど、新しい社会づくりに向けた課題とヒントがいくつも登場している。

菅義偉首相の長男が勤める会社の接待問題で、あまりに潔さを欠く総務省幹部の国会答弁を前にすると戸惑いも覚えるが、霞が関が専門知識を持つ人材の宝庫である事実は動かない。国家公務員諸君が自信と誇りを持ってこの国の発展に寄与されるよう願ってやまない。

万難排し「オリ・パラ」の開催を！

二〇二一年三月一八日

東京五輪の開催が4カ月後に迫った。パンデミック（世界的大流行）となった新型コロナウイルスの収束が見えない現状での開催に消極的な意見があることは承知している。しかし、そうした困難な時だからこそ万難を排し、予定通り東京五輪・パラリンピック（オリ・パラ）を開催すべきだと考える。

影を落とす先行き不透明感

近代五輪は１８９６年の第１回・アテネ大会以来、冬季五輪を含め計５回、戦争が理由で中止されている。延期は長い五輪の歴史で今回が初めて。東京五輪は7月23日、パラリンピックは8月24日に開幕の予定。3月25日に聖火リレーが福島県をスタートする段取りだ。

東京五輪をめぐる議論は観客を減らし開催、延期、中止など、まとまりがないまま拡散している。主要メディアの世論調査では「中止すべきだ」「再延期すべきだ」が60％を超え、コロナ禍の先行き不透明感が影を落としている。

政府や大会組織委員会は海外客の受け入れを断念する方針を固めたと伝えられるが、各競技会場の観客の扱いやアスリート、役員らの感染防止対策など、早急に決断しなければならない課題が山積している。そうした事情を踏まえた上で、仮に無観客であってもなお、オリ・パラを開催することに大きな意味がある。

プロ野球、サッカーJリーグで開催方法が試行されており、2月、大坂なおみ選手が優勝したテニスの全豪オープンは周到な準備の上で開催され、大きな成功を収めた。日本人の英知を結集しPCR検査などを徹底すれば、感染防止はそれなりに可能と確信する。日本財団では首都圏の高齢者施設を対象に大規模な無料PCR検査に取り組んでおり、組織委から要請があれば、いつでも協力させてもらうことが可能だ。

広がる自国第一主義に対処

筆者が五輪開催をあえて声高に主張するのは以下の理由による。第一はポストコロナの混乱の中で米国のトランプ前政権時代から世界に急速に広がる自国第一主義と向き合うには、国際社会が連帯と協調の必要性を相互に確認し合う場が必要で、五輪こそ最もそれにふさわしい。フランスのマクロン大統領はコロナ禍を「戦争」に見立て国民に協力を呼び掛けた。

各国とも感染封じ込めに向け経済活動の縮小・停止を余儀なくされ、世界経済は大きく後退した。

世界銀行は昨年6月、先の大戦以来、最悪の景気後退に陥るとの見通しを発表している。経済協力開発機構（ＯＥＣＤ）も、赤字国債の発行で加盟37カ国の政府債務残高が急増し、21年には新型コロナ流行前の２０１９年より約30％増加、総額で61兆ドル（約６６００兆円）に達するとしている。国内総生産（ＧＤＰ）の２倍を超す日本は別格にしても、政府債務残高の全加盟国平均がＧＤＰの92・１％にも上るのは異常である。

１９１８年から翌年にかけ猛威を振るい、世界で４０００万人以上が死亡したとされるスペイン風邪で列強各国は自国の利益を追求する道を選び、対立の拡大が第二次大戦にもつながった。コロナ禍でも自国優先主義、排外主義が急速に広がりつつある。開催国日本が各国と協力して、困難な中での五輪を成功させることが、国際社会の連帯を育むことになる。それが開催国の責任であり、日本開催に賛同してくれた各国に対する義務でもある。

中でもパラリンピックは、誰もが共に暮らす「共生社会」実現に向けた世界の動きとの関係で意義を持つ。日本財団は設立当初から事業の柱の一つに障害者が参画する共生社会の実現を掲げ、その一環として２０１５年に「日本財団パラリンピックサポートセンター」を設け、競技団体への支援を続けている。

パンデミックと戦った証しに

未曽有のコロナ禍の中での東京パラリンピックの開催は、共生社会の在り方を世界に訴える力を持つ。2012年のロンドン大会では「パラリンピックの成功なくして五輪の成功なし」と言われた。東京大会はこの成果をさらに発展させる好機である。誰もが参加するインクルーシブな社会の実現だけでなく、国際社会の連帯にも確実につながるはずだ。パラリンピックの開催は、コロナ禍が世界に拡散する中で急速に悪化している障害者や女性を取り巻く環境の改善を国際社会に訴える力にもなる。

「平和の祭典」と呼ばれる五輪は平和な時代に行われるのがふさわしい。しかし、世界が手を結びコロナ禍を乗り越えて開催すれば、その意義は一層、大きくなる。日本だけでなく世界を勇気づけ、人類が手を結んでパンデミックと勇敢に戦った証しとして歴史にも刻まれよう。

オリ・パラは国の総力を挙げて成功させるべきである。それにより日本の英知や団結力、責任感に対する国際社会の評価も上がり、わが国に対する信頼も増そう。そうした取り組みは、近代五輪の父、ピエール・ド・クーベルタン男爵が五輪のあるべき姿を提唱したオリンピズムにもつながると考える。

年頭にあたり　コロナ後の国造りは若手が担う

二〇二二年一月五日

新しい年を迎え、わが国が大きな変革期を迎えていることを、あらためて実感する。いつの時代も社会の変革を担ってきたのは若者である。今後の社会を担うのは、子供時代からスマートフォンや会員制交流サイト（ＳＮＳ）に親しんできた「ＡＩネーティブ」と呼ばれる世代であろう。

3年目を迎えいまだ「出口」が見えない新型コロナ禍で、社会はあらゆる分野で大きな打撃を受け疲弊の極みにある。アフターコロナの社会造りの主役を担うのは彼らである。健全で活力ある社会を築くためにも、国全体で若い世代を支えていく必要がある。

目立つ若い創業者、社長の進出

「週刊ポスト」の新年号が保有株の時価総額を基にした「日本の新長者番付１００人」の特集を載せた。驚いたことに、50歳以下の創業者や社長が30人を占めている。寄付促進事業などを通じて日本財団と付き合いのある顔も何人か見られ、イノベーター（革新者）であると同時に、社会貢献に対する関心が強いというのが印象だ。

日本は戦後、圧倒的な技術力で世界第2位の経済大国に上り詰めた。平成元年の世界時価総額ランキングでは上位10社のうち7社を日本企業が占め、当時の賃金水準も世界のトップクラスだった。しかし、約30年を経た令和2年は50位以内に1社、経済協力開発機構（OECD）調査による実質賃金も韓国より下位に後退している。

財務省が昨年9月に発表した法人企業統計によると、企業利益の蓄積である内部留保は2年度末で484兆円と9年連続で過去最高を記録した。

政府は賃上げを目指し、給料を上げた企業の法人税額を軽減する措置を検討しているが、巨額の内部留保を設備投資や従業員の待遇改善に活用する企業側の動きは弱い。安定経営を「是」とする老舗企業にイノベーションを期待するのは難しく、経済再生には若い起業家の柔軟な発想が欠かせない。

リーダーシップ確立こそ必要

若き力を生かすには、彼らが先頭に立って活躍できるリーダーシップの確立こそ必要だ。日本社会には、話し合いによる解決を尊び、強いリーダーシップを嫌う農耕文化の伝統がある。しかし、各国が防御態勢を整える間もなく世界的大流行（パンデミック）に発展した現下のコロナ禍を見るまでもなく、グローバル化が進む現代はヒト・モノ・カネが瞬時に世界を回る。それに応じて即断するには、強いリーダーシップの存否が決め手となる。

国をリードすべき政治も責任を十分に果たしていない。近年の日本政治は内政・外交とも〝受け身〟の姿勢が目立つ。国と地方の長期債務残高が合わせて１２００兆円、国内総生産（ＧＤＰ）の2倍超と先進国では例を見ない数字に膨れ上がった国の借金も、与野党が耳当たりのいいバラマキを競い合った結果だ。過去に発行した国債の償還や利払いに充てる国債費は単年度予算の2割を超え、柔軟な予算編成を難しくしている。

選んだ有権者に一番の責任があるが、政治家には選挙への悪影響が予想されても、覚悟を持って信念を語る勇気が欲しい。メディアにも同じことが言える。言論機関として輿論《よろん》形成の一翼を担う以上、批判だけでなく、どう解決するか、建設的提案をするのが、あるべき姿ではないか。双方がかみ合って初めて国民の議論も広がる。

どの時代にも若者の意見を軽く見る風潮がある。しかし、各種調査結果から垣間見る彼らの価値観や意見は極めて健全である。「国の借金」をテーマに日本財団が２０１９年、全国の17～19歳８００人に聞いた調査でも、借金が膨らんだ理由として約半数が政治家の努力不足を挙げる一方、5人に1人は「税金など国民の負担が軽かった」と指摘した。今後、誰が借金を負うべきかの質問にも、「借金を増やしてきた世代」の2倍を超す約6割が「国民全体」と答えた。「自分たちの世代」とする回答も5％を超え、世代間の対立を避ける一方で、自らの責任も自覚する姿勢と評価する。

多くの国難を乗り切ってきた

日本は戦後70年余、平和憲法下でおおむね順調に豊かな国づくりを進めてきた。しかし、グローバル化とイノベーションが急速に進む時代に通用しない。安全保障や経済再建、世界の先端を切って進む少子高齢化への対応、異常気象で常態化する大規模災害対策など山積する喫緊のテーマに手をこまねくうち「課題先進国」になった。

他方、この国には数々の国難を乗り切ってきた歴史があり、新たな国造りを可能にする豊富な技術の蓄積や「民」の柔軟な知恵もある。昨秋の衆議院議員総選挙で消費税をめぐり、野党各党が掲げた「5％引き下げ」や「ゼロ」の公約に疑問を投げ掛ける声が、多くの世論調査で過半数を占め、若者を中心に世の中の意識・価値観が変わる兆しも見える。年初に当たり、コロナ後の国造りに向け、若い世代の一層の奮起に期待する。

「スポＧＯＭＩ」が世界の海守る

二〇二三年一〇月二七日

「スポＧＯＭＩ」という言葉をご存じだろうか。スポーツ感覚でごみ拾いを競い合う催しをいう。２０１６（平成28）年、日本財団が政府の総合海洋政策本部とオールジャパン体制で立ち上げた「海と日本プロジェクト」の取り組みの一つだ。

世界21カ国でワールドカップ

海へ流入するごみの削減を狙いとしたこの事業、国内だけでなく海外にも広がり、11月22日には日本を含め世界21カ国の代表が参加して初のワールドカップ大会が東京で開催される。ごみ削減の成果は賛同者、参加者が一人でも多く増えることで上がる。そんな思いを込め事業の概要を紹介させていただく。

深刻な海洋汚染の実態は２０１６年のダボス会議で発表された報告書で明らかにされた。このまま推移すると２０５０年には、海洋を漂うプラスチックごみが重量換算で魚の量を上回るというのだ。現在、海には約1億5000万トンのプラスチックごみが漂い、年に少なくとも800万トンが流入しているとされる。流入量は毎年増え、プラスチックごみの総量は2050年には8億5000万〜9億5000万トンに達すると試算され、世界に衝撃を与えた。

多くの研究で、海ごみの70〜80％は陸から海に流れ込むとみられていた。日本財団で2020年末から約半年間かけ瀬戸内海に面した広島、岡山、愛媛、香川4県で調査した結果、やはり約8割が陸由来と確認され、陸のごみを減らせば海ごみを大幅に削減できることが分かった。

ごみが人間の社会活動に伴って発生するのは言うまでもない。社会全体が「ごみを出さない、捨てない、見つけたら拾う」覚悟を共有することで海洋ごみを減らすことができる。それによって街も河川もきれいになる。ごみ拾いを体験した人が増えれば、安易に捨てる人も減り、最終的に海に流れ込むごみも減る。

スポGOMI競技は2008年に日本で生まれ、日本財団では2019年、次代を担う高校生を対象に「スポGOMI甲子園」をスタートした。競技ルールはいたって簡単。大人から子供まで3人でチームを組み、決められた競技エリアで1時間ごみを拾い、その質と量をポイントで争う。

スポGOMIはその拡大版。10月9日、東京都新宿区に各都道府県の代表が参加して全日本大会が行われ、37・6キロのごみを拾った新潟県の代表チームが優勝した。予選大会には全国で計1175チーム、6歳から67歳まで約3500人が参加し、数字の上でも運動の広がりを示した。

清掃は日本文化の伝統

並行して独、仏、インド、ベトナム、カナダ、米国など世界20カ国で予選大会が行われ、8カ国の会場を訪れた日本財団職員によると、タイの大会には60もの団体が参加して優勝を争った。5月末に27チームが参加して行われたブラジル大会では、大会の模様を伝えるテレビニュースが昨年のサッカーワールドカップ・カタール大会でスタンドのごみを拾う日本人サポーターの姿も放映、日本式ごみ拾いを広く紹介した。

日本人サポーターのごみ拾いは日本がワールドカップに初出場したフランス大会(1998年)以来、毎回のように称賛されている。「清掃業者の仕事を奪う」といった声もあるようだが、一方で各国のサポーターが同調する動きも広がっている。

ごみ拾いや清掃は、長く「街をきれいにする運動」を提唱し、職場で「整理、整頓、清掃、清潔、しつけ」の5S運動を展開してきた日本文化の伝統である。

海洋汚染は豪雨など自然災害に伴う陸上ごみの流入や油の流出事故などさまざまな原因で

起きる。最も深刻なプラスチックごみは総量の削減（リデュース）、再利用（リユース）、再生産への活用（リサイクル）の３Ｒ対策の必要性が指摘され、分別収集や紙素材への切り替えなども進んでいる。誰でも参加できるごみ拾いは有力な対策の一つであり、参加者が増えれば確実に成果も増す。

加えてわが国には、海外から注目を集めるコスプレ文化がある。海と日本プロジェクトの一環として環境省と共同で行う「海ごみゼロウィーク」には、外国も含め多くのコスプレーヤーがごみ拾いに参加し、運動を盛り上げている。日本のマンガやアニメ、ゲームに対する関心の高さが、そのままスポＧＯＭＩ活動を世界に広げる力にもなっている。

日本発祥の新しい文化

国連の持続可能な開発目標（ＳＤＧｓ）は目標14の「海の豊かさを守ろう」で海洋汚染の防止を重要な課題の一つに挙げている。「気候変動に関する政府間パネル」（ＩＰＣＣ）が指摘するように温暖化や海の環境悪化は人間の社会活動に起因している。

世界の海は一つにつながっている。スポＧＯＭＩ活動が日本発祥の新しい文化、国境を越えた海ごみ削減策として広く世界に定着するよう願う。そんな期待を込めワールドカップ大会の開催を心待ちにしている。

おわりに　覚悟を持って語る姿に共感　旺盛な行動力を支える強靭な体力

エネルギッシュな行動力、世界に広がる交友・人脈、人道主義、祖国愛――。「正論」の筆者である日本財団会長・笹川陽平氏の活動は幅広く多彩で、一語にまとめるのは難しい。そんな中、氏が産経新聞の論壇「正論」欄の執筆メンバーになって以降、20年近くデータ収集や文章の直しなどを手伝ってきた立場で集約すると、月並みだが、冒頭のような言葉になる。

まず行動力。最近も２０２４年２月12日、アフリカの最高峰キリマンジャロ（５８８５メートル）に登頂し世間を驚かした。昭和14年（１９３９年）１月８日生まれで、この時85歳、10年以上前から心臓ペースメーカーを装着する身体障害者１級でもある。「無謀」と心配する声が多かったが、６日間かけて登頂に成功し、「Don't Forget Leprosy（ハンセン病を忘れないで）」のバナーを掲げた。

直前にはジュネーブで開かれたＷＨＯ（世界保健機関）の大会でテドロス事務局長とともにハンセン病の制圧と患者・家族に対する差別の撤廃を訴える共同声明を発表。滞在中、食あたりを起こし、２日間絶食してのタンザニア入りだった。下山後、カタールの首都ドーハの飛行場では胆石の激痛にも襲われた。

それでも帰国すると山積した国内予定を精力的にこなし、3月7日に入院して胆のうを摘出。3日後に退院すると、その2日後にはポルトガル・リスボンで行われたワールド・オーシャン・サミットに出発、15日に帰国し、翌々日にはベトナム出張に出発した。この間、合間を縫ってゴルフも楽しんでいる。

あえて詳細に紹介したのは、これが長く続くこの人の日常であることを記すためだ。強靱な気力と体力は驚きに値する。これこそが「96歳まで活躍した亡父・笹川良一氏から引き継いだ最大の財産」と思う。

「書く」ことに関しても極めて貪欲。毎朝6時半に出社。日本財団ビル7階に会長室とは別に設けられた、職員と隣り合わせのデスクに座り、寄付に対する礼状書きと日々更新するブログを中心に精力的に原稿を書く。

原稿はすべて手書き。「機械は苦手」（本人）というが手書きに対する拘りがあるのかもしれない。400字詰め原稿用紙より文字数が多い方眼紙に鉛筆でびっしり書き込み、秘書がパソコンに打ち込む。海外出張で同行した際、待合室で乗り継ぎ時間を利用して鉛筆を握る姿を何度か目撃したこともある。

日本財団はボートレースの売り上げを主な財源に活動する世界有数の民間助成組織。海洋の保全や子供、障害者、高齢者対策、被災地の復興支援など活動範囲は幅広い。「正論」への寄稿も、良一氏とともに親子2代にわたるライフワークであるハンセン病制圧活動を含め、極めて多くのテーマについて寄稿しているのが特徴だ。

背景には、国内だけでなく1年の3分の1近くを占める海外出張によって築かれた豊富な「人との交流」の蓄積がある。秘書室が作成した資料によると、1980年以降2024年7月までに計122カ国を585回にわたって訪問。この間の海外滞在日数は計3619日。政・官・学・民の幅広い人脈と交友を重ね、国家元首や大統領、首相を含めた閣僚級以上の人物に限っても延べ1942人と対面した、とされている。

相手もロナルド・レーガン、ビル・クリントン両氏ら当時の米国大統領、鄧小平、江沢民、胡耀邦、楊尚昆各氏ら歴代の中国の指導者、インドのナレンドラ・モディ首相、キューバのカストロ首相、ローマ教皇のヨハネ・パウロ2世、ダライ・ラマ14世らビッグネームが並ぶ。政治的立場の違いを越え幅広く交流を重ねているのが特徴で、台湾の頼清徳新総統の就任式（2024年5月20日）出席のため訪れた台湾では、頼新総統のほか蔡英文前総統、陳水扁、馬英九両元総統らと相次いで対談といった具合だ。原稿には、そうした幅広い自らの体験を書き込むことで読ませる内容にしている。

例えば〝失われた30年〟で低迷するわが国の姿を、1960～1970年代以降の「英国病」になぞらえた正論「念頭にあたり　政治家諸君『日本病』を阻止せよ」（2024年1

月掲載)。第2次世界大戦の戦勝国でありながら炭鉱ストなど深刻な事態に直面していた英国のサッチャー首相(当時)を1986年、良一氏とともにダウニング街10番に地ある首相官邸に訪ねた際の逸話を盛り込んでいる。

その際、サッチャー氏は〝日本の独り勝ち〟といわれた当時の世界経済に強い不満を漏らし、これに対し笹川氏は「栄枯盛衰は世の常。日本の繁栄が長く続くとは思いません」と答えたと述懐。同時に約40年を経た現在、「わが国のあまりの落ち込みに驚きを禁じ得ない」と記すことで、国際社会の中で急速に落ち込むわが国の政治家に対し奮起を促している。

人道主義者としての氏の姿は、ライフワークであるハンセン病制圧活動に端的に表れている。WHOのハンセン病制圧大使として海外出張の多くを、インドをはじめアフリカやブラジルの奥地などの訪問に充て、正論への寄稿だけでなく膨大な著作を持つ。

笹川氏に対する多くの国の指導者の信頼は、ハンセン病の制圧と患者・回復者に対する差別撤廃に一途に取り組む氏の姿勢に対する共感にあるように思う。筆者自身、多くの患者・回復者が暮らすインドのコロニー訪問などに何度か同行したが、ハンセン病は恐ろしい病気といった先入観があったせいか、患者を抱きしめて励ます氏の姿に目の当たりにして衝撃を受けた記憶がある。

笹川氏は7歳だった1945年3月、一夜にして東京の市街地の半分が焼失し10万人を超す犠牲者が出た東京大空襲に遭遇。米軍の焼夷弾が降り注ぐ猛火の中を、高熱で寝込んでいた母の手を引き生き延びた体験を持つ。

笹川氏は著書『残心』（幻冬舎）の中で当時の模様を「母のためにコップ1杯の水を求めて、たまたま延焼を免れた自転車店に飛び込み、親切にも一晩休ませてもらった」、「その厚意がなければ母は助からなかった」と書き記している。この体験が今も氏の社会活動の原点になっている気がする。

最後に祖国愛。本書の題名『愛する祖国へ』の一語にその心情が凝縮されている。「はじめに」で触れているように、わが国には国の将来に明るい見通し持てない若者が他国に比べ極めて多い現実がある。そんな中で若手経営者による起業の増加など新しい動きも増えている。最近、笹川氏は「残された人生を人材育成に当てたい」とも語っており、関連する事業や寄稿がさらに増えると思う。

同氏は「自分がこの世にあるのは、健康人だと1億を超えるといわれる精子のうちのたまたま〝1個の私〟が偶然、卵子に出会って受精した結果であり、その幸運に感謝し人生を無駄にすることなく全力で生きたい」とユニークな人生観を語り、「知行合一」の言葉も好んで使う。

傍で見ていて、時に同意が難しい、あるいは違和感を覚える主張や論もある。これに対し本人は「外に向かって発言する以上、いかなる批判にも責任を持つ」と言い切る。その言葉に強い責任感と覚悟も感じる。覚悟を持って批判を恐れず、自らの主張を世に問う人が少ないのが、日本社会が活気を欠く一因だと思う。課題先進国・日本に必要な多様な言論を育てるためにも、笹川氏には引き続き精力的な執筆活動を期待したいと思う。

日本財団特別顧問　宮崎　正

本書は、二〇一六年三月一〇日から二〇二四年三月二九日まで産経新聞
正論欄に掲載された原稿のうち、七三本を選び、再構成したものです。
なお、肩書き、通貨レート、統計資料等は新聞掲載時のままとしました。
また、文中の年号表記については基本的に和暦を使用していますが、
国際的な事案に関わる言及には西暦を使用しています。

装幀・組版　星島正明

笹川陽平（ささかわ・ようへい）

1939年、東京生まれ。明治大学政治経済学部卒。日本財団会長。WHOのハンセン病制圧大使、日本政府のハンセン病人権啓発大使、ミャンマー国民和解担当日本政府代表などを務める。日本人初の「法の支配賞」（2014年）、2人目の「国際海事賞」（2015年）のほか、ガンジー平和賞（2019年）、旭日大綬章（2019年）など受賞多数。50年近くにわたるハンセン病の制圧、偏見・差別撤廃活動で世界120カ国以上を回る。

日々の活動を笹川陽平ブログで発信し、『地球を駆ける—世界のハンセン病の現場から』（工作舎）、『愛する祖国へ』（産経新聞出版）、『残心』（幻冬舎）など著書多数。

愛する祖国へⅡ

令和6年11月20日　第1刷発行

著　　者	笹川陽平
発 行 者	赤堀正卓
発行・編集	株式会社産経新聞出版
	〒100-8077 東京都千代田区大手町1-7-2 産経新聞社8階
	電話 03-3242-9930　ＦＡＸ 03-3243-0573
印刷・製本	株式会社シナノ
	電話 03-5911-3355

ISBN978-4-86306-186-6 C0095
